# Psychopathologie de la vie amoureuse

Robert Viry

# Psychopathologie de la vie amoureuse

*Études de cas*

Presses universitaires de Nancy

Du même auteur aux P.U.N. :

- *Introduction à l'étude de la psychiatrie analytique*, 1990.
- *Psychisme et intelligence artificielle*, 1992, ouvrage collectif sous la direction de André Cuvelier.
- *Anthropologie de la lumière*, 1994, ouvrage collectif sous la direction de Danièle Morali.

En couverture :

François BOUCHER, *Aurore et Céphale*, Musée des Beaux-Arts de Nancy.

VIRY Robert.
Psychopathologie de la vie amoureuse. Etudes de cas. - Nancy : Presses Universitaires de Nancy, 1998 - 168 p. : ill., couv. ill. en coul. - 24 cm.

ISBN 2-86480 - 944 - 3

# VIE AMOUREUSE ET PSYCHOPATHOLOGIE

Les désordres de la vie amoureuse ont d'abord intéressé les romanciers et les dramaturges, ils ont été étudiés, depuis des siècles, à partir des représentations que la littérature en donne. Depuis trente ans, ils intéressent aussi les psychologues. La relation amoureuse et sa pathologie sont maintenant étudiées scientifiquement à partir de deux approches bien différentes : la sexologie et le conseil conjugal. La sexologie s'est développée aux Etats-Unis à partir des travaux de W. Masters et V. Johnson [1], elle est à situer dans le cadre de la psychologie du comportement. Pour les sexologues, l'étude de la vie amoureuse se réduit à l'analyse du comportement sexuel du couple. La pathologie du couple est considérée comme une incapacité à parvenir à l'orgasme et la thérapeutique comme une rééducation de la fonction sexuelle. Le conseil conjugal, lui, est pratiqué par des psychothérapeutes spécialisés dans la résolution des conflits conjugaux. Les conseillers conjugaux reçoivent l'homme et la femme en difficulté, pour les aider à régler leurs problèmes relationnels. J.G. Lemaire est à l'origine en France du conseil conjugal. Dans son ouvrage le plus récent [2], il définit le conflit conjugal comme un trouble de la communication, l'objectif du thérapeute étant d'améliorer la relation des partenaires amoureux. Aujourd'hui, une troisième approche est possible, mais non encore exploitée : la psychopathologie de la vie amoureuse à partir de l'étude de cas cliniques individuels.

La psychopathologie de la vie amoureuse ne peut s'élaborer qu'à partir d'une pratique libérale, avec des patients demandeurs, ayant le désir et la capacité d'analyser leurs relations amoureuses. Or, jusqu'à maintenant, en France, la recherche en psychopathologie n'a été financée et ne s'est développée que dans le cadre de la psychiatrie publique ; c'est probablement pour cela qu'aucune étude clinique des troubles de la vie amoureuse n'a été entreprise alors qu'il existe une forte demande et un grand intérêt de la part du public. Je me propose de réunir dans cet ouvrage seize études de cas qui constitueront une première ébauche de cette psychopathologie de la vie amoureuse. Ces études cliniques sont présentées et commentées suivant le modèle que j'ai établi dans mon livre précédent [3]. La vie amoureuse est certainement le meilleur domaine d'étude de la psychopathologie analytique, telle que je l'ai définie dans cet ouvrage. Actuellement, sous

1 - W. Masters, *Les mésententes sexuelles*, R. Laffont, 1971.
2 - J.G.Lemaire, *Le couple, sa vie, sa mort* ; Payot, 1990.
3 - Robert Viry, *Introduction à l'étude de la psychiatrie analytique*, P.U.N, 1990.

l'influence de la psychologie expérimentale et des neurosciences, la pathologie psychique est réduite à une pathologie fonctionnelle de l'organe cerveau. La meilleure objection à ce réductionnisme me semble être l'étude des désordres de la vie amoureuse. Ceux-ci sont bien des troubles psychiques, mais leur siège n'est pas le cerveau mais le cœur. Le lien entre les troubles affectifs et le cœur n'est évidemment pas organique mais métaphorique, il n'en existe pas moins. Pour comprendre que les amoureux souffrent du cœur, il faut sortir du biologisme qui imprègne la médecine et la psychologie actuelles. Le cœur n'est pas seulement un organe, il est aussi le support imaginaire et symbolique de la vie affective.

Avec le transfert, le psychothérapeute dispose d'un instrument spécifique pour l'analyse de la vie affective qui lui permet d'effectuer une étude quasi expérimentale de la rencontre amoureuse et des grandes crises de la vie conjugale. Le patient reproduit, en effet, avec son analyste la relation amoureuse plus ou moins pathologique qu'il vit avec son partenaire, cette relation reproduisant elle-même les relations affectives qu'il a eues avec son entourage au cours de son enfance. Le psychothérapeute, en acceptant d'être le support passif de toutes les projections amoureuses ou haineuses de son patient sans réagir, permet à celui-ci de prendre conscience de ses frustrations affectives et de guérir en renonçant, une fois pour toutes, à la satisfaction de ses désirs d'enfant. Au moment du transfert, l'analyste, de son coté, prend la mesure de la force et de l'importance des sentiments dans la vie d'un individu et analyse sur lui-même ce qui se passe lorsqu'il est pris comme objet de désir et d'amour par autrui. Il peut le faire parce qu'il ne s'investit pas lui-même dans la relation transférentielle et qu'il ne se prend pas pour le personnage qu'il incarne.

Cet ouvrage a été élaboré entre 1987 et 1994, à partir des cours que j'ai donnés aux étudiants en psychologie de l'Université de Nancy II sur la pathologie de la vie amoureuse. Dans la première partie, je décris le cadre anthropologique et psychanalytique de la vie amoureuse. Dans la deuxième partie, j'expose et j'analyse des cas cliniques qui proviennent de ma pratique de psychothérapeute et d'expert judiciaire. Les thèmes abordés sont multiples : l'inceste, les abus sexuels, les violences conjugales, les crises de jalousie, les crimes passionnels, l'impuissance, la frigidité, les conséquences psychologiques de l'avortement, de la naissance d'un enfant anormal, d'un enfant conçu par insémination avec donneur, du divorce et bien d'autres. Cet ouvrage est d'abord destiné aux étudiants en psychologie et en psychiatrie, à tous ceux qui rencontrent de tels cas dans leur pratique professionnelle : médecins, psychologues, travailleurs sociaux, enseignants, magistrats... Il s'adresse aussi à tous ceux qui éprouvent des difficultés dans leur vie amoureuse et envisagent de consulter un psychothérapeute.

I

# LE CADRE ANTHROPOLOGIQUE ET PSYCHANALYTIQUE

# 1 - LIENS DE PARENTÉ ET LIENS AMOUREUX

## 1 - LES TROIS TYPES DE LIEN DE PARENTÉ

Quand un homme et une femme nouent entre eux une relation amoureuse durable et qu'ils envisagent d'avoir un enfant, ils prennent place, même s'ils ne se marient pas, dans une structure familiale et sociale qui les dépasse et qui va déterminer leur conduite à leur insu. Ils deviennent ainsi membres actifs de la société des hommes, leur destin individuel se lie, qu'ils le veuillent ou non, à celui de l'humanité entière, présente, passée et future. C'est pourquoi on ne peut pas étudier les échecs de la vie amoureuse d'un individu en dehors du cadre social et culturel dans lequel il se situe.

Tout être humain se situe dans une structure familiale et noue avec ses proches trois types de liens affectifs : le lien parent-enfant de filiation ; le lien fraternel ou de collatéralité ; le lien conjugal ou d'alliance. Toutes les sociétés humaines se sont constituées jusqu'ici suivant une structure parentale, celle-ci est déterminée par le principe d'exogamie qui interdit tout rapport sexuel entre parent et enfant et entre frère et sœur. Au cours de son développement psychosexuel, l'enfant, garçon ou fille, s'attache d'abord affectivement à sa mère. Si celle-ci aime son conjoint et accepte donc qu'il s'interpose, à un moment donné, entre elle et son enfant, celui-ci va se détacher d'elle progressivement et chercher à satisfaire ses besoins affectifs du coté de ses frères et sœurs et plus généralement des enfants de son âge. Dans ces relations fraternelles, des limites sont aussi imposées par les parents et les éducateurs. Ce n'est qu'après la puberté et hors du cercle familial que les adolescents font l'expérience de la rencontre du troisième type, celle de l'amour sexuel. Pour que cette rencontre amoureuse devienne une relation durable et féconde, une relation conjugale, il faut que le garçon et la fille soient devenus adultes, c'est-à-dire qu'ils aient vraiment renoncé aux liens affectifs privilégiés qu'ils avaient noués auparavant avec leurs parents, leurs frères et sœurs ainsi que leurs amis.

Si on représente les relations entre un père, une mère et leurs enfants par un triangle, le passage d'une génération à la suivante correspond au passage d'un triangle à un autre dans un ensemble de triangles superposés qui constituent la pyramide des générations. Pour passer définitivement du statut d'enfant à celui de parent, un être humain, d'abord situé au sommet d'un triangle, doit s'unir avec un autre être humain de sexe différent, occupant le somment d'un autre triangle, ils constituent ainsi la base d'un nouveau triangle dont le sommet sera occupé par les enfants qu'ils concevront.

Tout individu qui naît peut être plus généralement considéré comme le sommet d'une pyramide humaine dont la base représente la multitude des ancêtres morts depuis longtemps mais qui continuent à vivre d'une certaine façon à travers lui. C'est probablement ce qu'ont voulu symboliser les constructeurs des pyramides d'Egypte. Le passage d'une génération à l'autre peut aussi être conçu comme une chaîne dont chaque maillon représente l'union d'un homme et d'une femme, chacun d'eux est un demi-anneau provenant de deux chaînes différentes ; ils se soudent l'un à l'autre, tout en restant unis aux chaînes des générations dont ils sont issus, ils ajoutent ainsi un maillon à ces chaînes qui pourront ou non s'allonger ultérieurement d'un anneau à chaque génération nouvelle. On peut enfin représenter la succession des générations par un arbre généalogique ou arbre de vie. A la différence des pyramides qui incitent l'être humain à se tourner vers son passé et à rendre un culte à ses ancêtres morts, l'arbre de vie, qui est aussi l'arbre de la croix, symbolise l'homme de notre civilisation occidentale judéo-chrétienne qui se projette dans l'avenir et croit que la mort peut être vaincue par la vie. Les racines en terre de l'arbre de vie représentent les ancêtres, le passé, le tronc vertical le couple des parents qui assurent le présent et transmettent la vie, les branches et les fruits qu'elles portent, les enfants et tous les descendants à naître, le futur à réaliser. Dans notre société occidentale, on assiste actuellement à une contestation de ce modèle structural et à une montée de l'individualisme sans précédent. La génération actuelle des 20-50 ans accepte mal d'assumer ses obligations concernant la transmission de la vie. Cela se manifeste par le refus de l'institution du mariage, le recul de l'âge de procréer, la baisse de la natalité et la fréquence grandissante des divorces. L'intérêt individuel qui correspond à l'instinct de conservation du moi de Freud l'emporte, dans cette génération, sur l'intérêt de l'espèce, sur l'instinct de reproduction. Cela ne pourra pas durer longtemps, sinon ce serait la mort rapide de notre civilisation.

Les trois types de liens de parenté entre les membres d'une même famille : lien de filiation, lien de fraternité et lien conjugal sont à l'origine de trois types de liens sociaux qui ont été plus ou moins valorisés suivant les époques et les lieux. La prévalence du lien de filiation est à l'origine des sociétés patriarcales. Dans celles-ci, le pouvoir familial et politique, de droit divin, se transmet héréditairement de père en fils, les femmes en étant exclues et n'étant valorisées qu'en tant que mères. Cette organisation verticale de la société, qui entraînait l'asservissement du plus grand nombre, a été remise en cause par la Révolution française et par toutes les autres révolutions qui se sont succédées dans le monde depuis deux siècles. Les révolutionnaires, au nom des principes de liberté, égalité et fraternité, ont aboli l'Ancien Régime et ont cherché à en instaurer un autre fondé sur le lien horizontal de fraternité. Les régimes socialistes ou communistes qui ont expérimenté sur plusieurs générations un fonctionnement strictement horizontal ont abouti à une désorganisation de toutes les structures sociales et culturelles. On peut dire actuellement qu'ils ont échoué. La survalorisation du lien de fraternité a été aussi l'origine d'une révolution des mœurs qui a abouti à l'égalité de statut des hommes et des femmes. Il est bien probable que le dernier développement de cette révolution, imaginé par Elisabeth Badinter [1], va mener aussi à une impasse. Pour elle, l'avenir des relations entre homme et

---

1 - Elisabeth Badinter dans *L'Un est l'Autre* Ed. Odile Jacob, 1986

femme, c'est d'être l'un à l'image de l'autre, à la fois homme et femme, de vivre comme frère et sœur : « Elle et lui sont des jumeaux de sexe opposé... ». Pour Elisabeth Badinter, le lien de filiation, l'éducation de l'enfant par ses parents, et même le lien sexuel, c'est secondaire. Dans un tel monde sans relief, réduit à sa dimension horizontale, la vie risque d'être bien monotone... Le lien amoureux n'a jamais inspiré les penseurs politiques et n'a jamais servi de modèle à une organisation durable de la société. Il est peu probable qu'il le devienne dans l'avenir. En effet, quand un homme et une femme s'aiment, ils se coupent du reste du monde et ne le réintègrent qu'en acceptant de procréer. La passion amoureuse, c'est-à-dire l'amour d'un homme et d'une femme qui trouve sa fin en soi, a toujours été considérée comme une folie aboutissant à la mort de l'individu et à la destruction de la cité. Pourtant, depuis 1968, dans certains milieux anarchistes, des groupes se sont constitués avec comme lien exclusif entre les membres de ceux-ci, les relations sexuelles collectives pratiquées sur un mode homo- ou hétérosexuel. Dans ces communautés, rien n'est interdit, pas même l'inceste. La solidarité, qui est l'expression des liens parentaux ou fraternels, n'est plus pratiquée, si bien que l'individu en difficulté se retrouve seul s'il n'est plus désirable. C'est probablement pour cela qu'il recherche alors, dans la drogue ou les idéologies religieuses ou politiques extrémistes, un exutoire à son angoisse existentielle. Si la sexualité est le seul lien entre les membres d'un groupe, ceux-ci ont tendance à détruire et à s'autodétruire. Ce fut le cas de la bande à Baader, d'Action directe et des Brigades rouges.

Pour qu'une société fonctionne correctement et se maintienne durablement en équilibre par rapport aux autres qui l'environnent, il faut que les trois types de liens affectifs soient présents, tant à l'échelle de la famille que de la nation, et qu'ils s'articulent bien entre eux. C'est la relation conjugale qui noue ensemble les relations de filiation et de fraternité et qui unit les dimensions verticales et horizontales de toute existence humaine. Un être humain ne peut certainement pas vivre sans trouver sa place dans une structure parentale où il se sente reconnu, aucun groupe humain ne peut se maintenir sans que chacun de ses membres renonce à une part de lui-même pour la consacrer au groupe qui le fait exister. Cette part de soi auquel chaque individu renonce au profit de la collectivité et qui est essentiellement une privation de jouissance, c'est la castration des psychanalystes, c'est plus concrètement le devoir de travailler et de procréer qui s'impose à tous les hommes depuis qu'Adam et Eve ont été chassés du paradis de leur enfance où ils étaient sous la protection de Dieu leur père.

## 2 - LES TROIS TYPES DE LIEN AFFECTIF QU'ILS DÉTERMINENT

Depuis le début de l'ère chrétienne jusqu'à Freud, on a distingué radicalement trois sortes d'amour :

- l'amour de Dieu le père pour les hommes qui correspond à l'amour des parents pour leurs enfants ;
- l'amour du prochain ou charité qui a pour modèle l'amour fraternel ;
- l'amour érotique considéré comme un mal nécessaire dont il s'agit de diminuer l'importance en valorisant le célibat religieux et en réduisant la vie amoureuse des couples au seul devoir de reproduction.

Depuis Freud, on considère qu'il n'y a qu'un amour et qu'il est d'origine et de nature sexuelles. L'amour, pour Freud, c'est la libido qui fait « tourner » l'appareil psychique de chacun et qui suscite le désir. Energie cinétique ou énergie potentielle, la libido est l'équivalent psychique de la force d'attraction universelle des corps de Newton. L'énergie libidinale provient de la pulsion sexuelle qui correspond à l'instinct sexuel de tous les êtres vivants. Pour Freud, la pulsion entre en action dès la naissance et poursuit son œuvre jusqu'au moment de la mort. La libido, moteur de toute relation affective, est à la fois une force d'attraction physique qui aboutit au contact érotique des corps, c'est le courant sensuel de la libido, et une force d'attraction psychique qui aboutit à la communication des cœurs et des esprits, c'est le courant tendre [2]. La libido est aussi assimilée par Freud à un capital qu'on investit dans celui qu'on aime. La mère est, pour le garçon comme pour la fille, le premier objet d'investissement ou de fixation de la libido. Au moment de l'Œdipe, quand l'enfant doit renoncer à l'amour de sa mère, il ne le fait pas vraiment. La mère aimée est refoulée au niveau de son inconscient où elle constitue, comme objet perdu, l'origine et la cause de tous ses désirs ultérieurs. Les personnes aimées par un être humain au cours de son existence ne sont que des substituts imparfaits de cette mère perdue mais toujours désirée dont il garde indéfiniment la nostalgie. Cette théorie freudienne de la libido permet de comprendre le désir amoureux mais pas l'amour durable entre un homme et une femme. Prisonnier d'une conception du psychisme encore trop proche de son modèle biologique, Freud ne prend pas en compte la dimension culturelle et sociale de l'amour en tant qu'engagement pour la vie et n'envisage, dans la relation amoureuse, que le point de vue de l'individu, conçu comme un organisme autonome.

A partir des conceptions psychanalytiques actuelles, on peut décrire trois modes d'investissement de la libido qui correspondent aux trois types de liens parentaux décrits au paragraphe précédent :

— *l'amour fusionnel mère-enfant*

Quand tout se passe bien, la mère investit son enfant comme objet d'amour dès la conception ; cet amour se développe pendant toute la grossesse et se manifeste d'une manière explicite lorsque la mère donne le sein et accepte ainsi librement que le bébé se nourrisse de sa substance. Cette relation d'attachement entre une mère et son enfant est à la fois physique et psychique, sensuelle et tendre. Elle est d'abord unilatérale, c'est la mère qui donne et l'enfant qui reçoit, mais, dès les premiers jours de sa vie, l'enfant réagit aux sollicitations affectives de sa mère par son regard et son sourire. Il manifeste ainsi qu'il accepte le don d'amour de sa mère et qu'il cherche à l'investir en retour comme objet d'amour. L'établissement de cette première relation affective entre l'enfant et sa mère peut échouer. Une mère, qui n'a pas été aimée suffisamment dans sa famille d'origine, demande à son enfant de lui donner ce qu'elle n'a pas reçu avant d'avoir amorcé la pompe d'amour, aspirante et refoulante, qu'est le cœur de son enfant. C'est ainsi que la relation d'amour entre une mère et son enfant peut se transformer en relation de haine et induire rapidement des réactions violentes de part et

2 - S. Freud, *La vie sexuelle*, P.U.F. 1969, p.57.

d'autre. L'autisme infantile est probablement la conséquence la plus grave de l'échec de cette première relation affective à la mère. Si, au contraire, la mère et l'enfant s'attachent fortement l'un à l'autre sans qu'aucun tiers vienne s'interposer entre eux, il se produit chez l'enfant, fille ou garçon, une fixation symbiotique à la mère avec comme conséquence une tendance à toujours rechercher des relations de ce type. Les investissements affectifs de ces enfants devenus adultes se font sur un mode de dépendance, ils n'ont jamais accepté d'être sevrés de leur mère.

— *l'amour narcissique du semblable*

L'enfant qui se détourne de sa mère s'attache à un frère, une sœur ou un(e) camarade par identification et non plus par recherche d'une complétude symbiotique. L'autre est à la fois le modèle à incarner et un rival à supplanter. En imitant son frère aîné, le cadet cherche à se faire admettre par lui et à plaire aux parents. La représentation la plus caractéristique de l'amour narcissique est celle de deux jumeaux identiques qui s'enlacent, tels Castor et Pollux. L'échec de cette relation, c'est le duel mortel entre Caïn et Abel, Rémus et Romulus. Dans ce type de relation affective, l'amour d'essence narcissique se transforme facilement en jalousie et en haine. Le jaloux désire la mort de celui ou celle qu'il aimait lorsqu'il prend conscience que l'autre lui porte ombrage. Les relations narcissiques par identification sont prépondérantes au cours de l'enfance et de l'adolescence, elles sont le plus souvent utiles puisqu'elles soutiennent le désir de se développer et d'apprendre. Mais elles peuvent être nuisibles si l'adolescent se fixe dans ce mode de relation affective et ne recherche dans l'autre qu'un rival à supplanter.

- *l'amour érotique*

A partir du réveil de la libido à la puberté, les garçons et les filles, attirés l'un par l'autre, ont souvent des relations sexuelles, sans échanges affectifs. Le désir sexuel d'un jeune homme se fixe fréquemment sur une jeune fille séduisante parce que narcissique, celle-ci se révèle incapable de l'aimer en retour ; une jeune fille, de son côté, tombe facilement amoureuse d'un séducteur et accepte d'avoir des relations sexuelles avec lui dans l'espoir d'être aimée par lui alors qu'il en est bien incapable.

## 3 - LIEN AMOUREUX, LIEN CONJUGAL ET PROCRÉATION

Dans la relation amoureuse, l'homme et la femme veulent souvent être aimés sans avoir à aimer. Chacun attend de l'autre qu'il vienne compenser les insuffisances des relations parentales et fraternelles de son enfance. Quand ils parviennent cependant à établir entre eux une relation d'échange équilibrée et à avoir des relations sexuelles satisfaisantes, ils espèrent s'attacher l'un à l'autre pour toujours. Cela n'est possible que si leur amour à deux se triangularise. Si, en effet, l'amour entre un homme et une femme se réduit à faire l'amour, et s'il n'y a pas recherche et découverte d'un au-delà de la jouissance sexuelle, le désir et les sentiments amoureux perdent inévitablement de leur intensité avec le temps. Le pénis en érection, le phallus, symbole du désir sexuel des partenaires de la relation amoureuse, ne peut rester indéfiniment érigé, sinon en se métamorphosant en symbole de leur fécondité. Dans l'Antiquité déjà, le phallus était considéré comme le double symbole du désir et de la fécondité. Aujourd'hui encore, dans la perspective anthropologique que je propose, le phallus représente d'abord le lien horizontal entre l'homme et la femme qui vivent en couple. Pour qu'il se maintienne ferme, il doit symboliquement se verticaliser de temps en temps pour devenir aussi un lien transgénérationnel d'engendrement. Dans les représentations mythologiques de l'amour, Cupidon, sous les traits d'un bébé joufflu, apparaît et décoche ses flèches, elles blessent les deux amoureux et brisent ainsi le bonheur narcissique qu'ils recherchent en se retranchant du monde. Ces tableaux, comme celui de la couverture, objectivent bien la triangulation inévitable de toute relation amoureuse et la transformation du désir sexuel en désir d'enfant. La pilule n'a rien changé, aujourd'hui comme autrefois, l'amour réciproque entre un homme et une femme se manifeste par le rêve d'un bébé joufflu descendant du ciel et venant incarner pour toujours le bonheur d'un instant. La conception des enfants, la constitution d'une famille, l'intégration dans un réseau parental et social sont toujours nécessaires au maintien d'une relation affective durable entre un homme et une femme. Ce lien ne peut que dépérir et se rompre s'il n'est pas nourri par des échanges avec l'ensemble du réseau des relations familiales et sociales. Si la science biologique permet aujourd'hui de dissocier la fonction sexuelle de la fonction reproduction et donne aux hommes et aux femmes la possibilité d'avoir des relations sexuelles non fécondantes, cela ne signifie pas que l'amour et la procréation sont psychologiquement séparables. Dans les rêves d'amour exprimés sur les divans des psychanalystes, l'enfant apparaît toujours derrière l'homme et la femme qui s'aiment. Cet enfant qui sera conçu ou non est certainement nécessaire au maintien du lien amoureux.

Depuis l'origine de notre civilisation jusqu'aux années trente, le mariage était, pour une femme, un acte irréversible. La perte de la virginité au cours de la nuit de noces entraînait chez elle un changement de statut social et de mode de vie qui retentissait sur son fonctionnement psychique et même sur sa morphologie, ce qui interdisait tout retour en arrière. Comme dans toutes les sociétés traditionnelles, il y avait en France deux types de femmes : les vierges, jeunes, libres, minces et séduisantes qui excitaient le désir sexuel des hommes et les femmes mariées, les matrones, qui étaient avant tout des mères et des gardiennes du foyer, souvent obèses, ayant renoncé définitivement au désir de plaire. Les jeunes femmes survalorisent actuellement le premier modèle et refusent d'assumer le deuxième qui est, pour elles, un anti-modèle à refouler. C'est cet anti-modèle inconscient que fuit l'anorexique mentale et qu'incarne la boulimique. Pour les hommes d'autrefois, le désir sexuel ne pouvait se porter que sur une femme jeune, libre et vierge qu'il fallait épouser, ou alors sur une professionnelle de l'amour vénal. Le mariage était avant tout une institution sociale, l'amour, c'était avant le mariage ou en dehors. Aujourd'hui, l'homme et la femme recherchent une association fondée sur l'amour réciproque qui leur procure à la fois la sécurité, le plaisir sexuel et le bonheur. Leurs statuts sociaux et professionnels sont presque identiques, la contraception et l'avortement permettent à la femme d'avoir des enfants seulement « si elle le veut et quand elle le veut » et d'être aussi libre que son conjoint dans sa vie sexuelle. Quand des difficultés surgissent, chacun des conjoints reprend assez facilement sa liberté, les enfants constituent la seule marque ineffaçable d'un amour mort. Mais, ce n'est pas si simple au niveau de l'inconscient. Si le mariage n'entraîne plus, comme autrefois, un changement radical dans la vie de chacun des conjoints, il produit cependant des effets qui se manifestent à long terme lorsque la relation amoureuse se maintient pendant des années : les intérêts et les valeurs du couple finissent par l'emporter sur les intérêts et les valeurs de l'individu.

# 2 - PSYCHANALYSE DU LIEN AMOUREUX

Avant d'aborder la pathologie de la vie amoureuse, il est nécessaire d'analyser, dans une perspective temporelle, la relation qui s'établit entre un homme et une femme tombant amoureux l'un de l'autre, décidant de vivre ensemble et d'avoir des enfants et qui continuent à s'aimer jusqu'à ce que la mort les sépare. Cette étude ne porte pas sur les comportements amoureux tels qu'ils apparaissent à un observateur extérieur, mais sur les relations affectives d'inconscient à inconscient qui ne peuvent être élucidées que par un psychanalyste à l'écoute des confidences et des rêves de ses patients concernant leur vie amoureuse. Dans la relation psychothérapique, le psychanalyste n'est pas un observateur extérieur mais le support du transfert, il peut ainsi ressentir et comprendre de l'intérieur tout ce que son patient a pu vivre dans ses relations amoureuses antérieures et actuelles et qu'il revit avec lui dans la relation transférentielle. L'analyse de la relation amoureuse que je propose se réfère à une conception psychanalytique et structurale de la relation intersubjective que j'ai développée dans *Introduction à l'étude de la psychiatrie analytique*. Cette analyse ne peut être comprise qu'en se dégageant au préalable d'une idéologie qui imprègne toute notre culture occidentale actuelle et qui valorise dans la vie amoureuse l'exceptionnel, le spectaculaire ou le « révolutionnaire » au détriment de ce qui est essentiel, inconscient et durable. L'image la plus répandue de la relation amoureuse, dont il s'agit de se déprendre, est celle d'une guerre de conquête, d'une guerre des sexes, avec maintenant la femme en position de force. L'amour entre un homme et une femme est le plus souvent décrit dans les médias comme un jeu de séduction où chacun doit se montrer sous son meilleur jour et masquer ses défauts, le seul objectif recherché étant de parvenir au plaisir sexuel ; il n'y a pas de lien reconnu entre le désir sexuel et le désir d'enfant, la fidélité pour la vie, dans une telle représentation superficielle et instantanée de la vie amoureuse, ne peut être qu'absurde. Le spécialiste de la vie amoureuse dans les médias n'est d'ailleurs plus le psychanalyste mais le sexologue.

## 1. LES POSITIONS DIFFÉRENTES DE L'HOMME ET DE LA FEMME AU MOMENT DE LA RENCONTRE AMOUREUSE

### *1 - Le fantasme organisateur du désir féminin et celui du désir masculin*

Quoi qu'en pense Elisabeth Badinter, l'un n'est pas l'autre, les garçons et les filles d'aujourd'hui, comme ceux d'hier, n'abordent pas leur vie amoureuse dans les mêmes dispositions. L'utopie égalitaire qu'elle tente de promouvoir n'est qu'un vernis superficiel. Au niveau de l'inconscient de tous les hommes et de toutes les femmes, quel que soient le lieu et le temps de leur vie, il y a des fantasmes organisateurs masculins et féminins qui déterminent le comportement amoureux et qui correspondent à des mythes universels. Sur le divan du psychanalyste, les jeunes filles rêvent toujours du Prince Charmant et se reconnaissent dans la Belle au bois dormant. Même si elles ont déjà eu de multiples expériences amoureuses, elles attendent encore l'être unique et sans défauts, le Prince Charmant, qui les éveillera à l'amour et les rendra heureuses pour toujours en leur donnant des enfants. Les jeunes hommes ne rêvent pas d'amour mais de conquête sexuelle. Comme Don Juan, ils veulent être désirés par le plus grand nombre possible de femmes, sans s'attacher à aucune, ils s'imaginent être des princes arabes, avec un harem à leur disposition leur permettant de choisir une nouvelle partenaire sexuelle chaque soir.

*2 - Le désir sexuel de la femme et celui de l'homme*

Chez la femme, le désir est éveillé par un homme particulier, celui qu'elle aime ou du moins qu'elle peut admirer, ce désir n'est pas spécifiquement sexuel, il est souvent ressenti comme un désir de se donner à l'autre, de lui appartenir. Le désir sexuel féminin est moins violent, mieux contenu que celui des hommes parce qu'il est encadré par l'amour et expression de cet amour. Au moment du coït, la femme trouve son plaisir en s'imaginant incarner pour son partenaire la femme idéale, l'éternel féminin, celle qu'il voudra aimer toute sa vie. Elle attend qu'il lui dise qu'il l'aime, qu'il lui promette une fidélité éternelle avant toute pénétration sexuelle. Pour la femme, l'orgasme n'est pas seulement un plaisir d'organe mais l'annonce ou le rappel d'un bonheur durable à deux. Si elle ne sent pas que son partenaire l'aime, en tant que personne et pas seulement en tant que partenaire sexuelle, si elle ne peut pas anticiper avec lui un bonheur durable, elle ne peut que jouer la comédie du plaisir et elle s'en lasse vite. L'amant idéal, pour une femme, n'est pas celui qui a le plus gros pénis, mais celui qui sait le mieux lui montrer qu'il l'aime, celui qui a les qualités morales et physiques de l'homme de ses rêves, le héros de tous les romans d'amour de la collection Harlequin. Les défaillances sexuelles du partenaire sont mieux acceptées que l'absence de manifestations affectives et de mots d'amour. Pour une femme, les relations sexuelles sont de préférence l'aboutissement d'une journée heureuse, jalonnée de signes d'amour, c'est plutôt le soir, alors que l'homme préfère le matin et en fait le prélude d'un jour heureux. Au moment de l'orgasme, la femme éprouve un plaisir sexuel fusionnel et narcissique comme son partenaire masculin, mais elle peut aussi avoir accès à un au-delà du plaisir à deux, il peut y avoir pour elle une ouverture sur l'infini, sur la transcendance, une sorte de communion mystique avec l'ensemble des être humains vivants ou morts, ce que Romain Rolland appelle le sentiment océanique et qui est une anticipation du bonheur d'être mère. La femme voudrait que son plaisir et celui de son partenaire soient sans fin, que celui-ci maintienne indéfiniment son érection. Ce fantasme féminin de jouissance sans fin a comme formule : Encore ! Encore ! La femme imagine souvent aussi que son partenaire, ou du moins le pénis de celui-ci, est devenu un enfant qu'elle peut garder en elle, dans son ventre, pour toujours. Elle peut aussi rêver que la situation d'avant le rapport sexuel s'inverse et que le Prince Charmant est son esclave comme Hercule aux pieds d'Omphale.

Chez l'homme, le désir sexuel n'est pas lié a priori à l'amour, n'importe quelle femme, n'importe quelle image de femme excitante, peut éveiller son désir. C'est un désir de possession, il est souvent difficilement contenu et demande une satisfaction rapide, il ne vise pas une personne particulière. Si ce désir n'est pas éduqué, il ne tient pas compte des attentes de la partenaire, le plaisir sexuel masculin est déclenché par la soumission, au moins apparente, de celle-ci. L'homme excité sexuellement qui a perdu le contrôle de sa conduite peut recourir à la menace et à la violence pour arriver à ses fins, comme c'est le cas dans un viol. Le fantasme de rapt et de viol est toujours présent dans l'inconscient masculin. L'amour de la partenaire ne se manifeste que dans un second temps ou en cas de résistance de celle-ci, lorsqu'elle impose sa loi : l'amour d'abord, la satisfaction sexuelle ensuite. Au moment du coït, l'homme en tant que personne s'efface derrière son organe sexuel, il se réduit à n'être plus que l'objet du désir de sa partenaire, il s'imagine être l'instrument de sa jouissance sexuelle, son phallus, rien d'autre. Lorsqu'il parvient à l'orgasme, sa jouissance est brève, localisée au niveau de son pénis, mais elle est décuplée s'il peut s'imaginer qu'il est la cause du plaisir de sa partenaire, s'il peut s'identifier à elle et éprouver ainsi une jouissance supplémentaire. Pour un homme, l'amante idéale est celle qui manifeste ouvertement son désir sexuel et qui s'intéresse à son pénis, c'est pourquoi la plupart des hommes supportent mal les femmes frigides, celles qui ont une répulsion à l'égard de leur sexe, certains acceptent même de payer des prostituées pour qu'elles leur jouent la comédie du plaisir, en mimant des orgasmes spectaculaires et en pratiquant des fellations. Ils croient que leurs partenaires sont surtout sensibles à leurs performances sexuelles et aux qualités de leur pénis en érection. Au moment des rapports sexuels, l'homme d'aujourd'hui souhaite, comme autrefois, que la femme se soumette à ses fantasmes de domination et en particulier au : « Soit belle et tais-toi ! ». L'homme souhaite que sa partenaire accepte de perdre momentanément son être propre pour lui donner l'impression de n'être plus que le sujet d'un désir exclusivement phallique et qu'elle le gratifie au plus vite de sa jouissance en recevant l'offrande de son sperme. Au moment de l'orgasme, l'homme souhaite que sa partenaire se comporte comme une prostituée et manifeste bruyamment sa jouissance. Pour l'homme, l'orgasme est essentiellement un plaisir narcissique, il a sa fin en soi et n'anticipe rien.

## 2 - LE PROCESSUS D'ÉNAMORATION

Comment un homme et une femme tombent-ils amoureux l'un de l'autre ? Comment cette relation amoureuse se transforme-t-elle en un lien affectif durable et fécond ? Pour l'expliquer, je ferai l'hypothèse d'un processus d'énamoration comparable, au niveau du couple, au processus de subjectivation que j'ai décrit, au niveau individuel, dans *L'introduction à l'étude de la psychiatrie analytique*.

### *1 - Les affinités électives*

Gœthe, dans un roman célèbre qui porte ce titre, a déjà essayé, au XVIIIe siècle, d'expliquer cette attirance mystérieuse entre deux êtres, à l'exclusion de tous les autres. L'attirance sexuelle, la libido, est nécessaire mais non suffisante pour qu'une véritable rencontre amoureuse se produise. Il faut, en plus, une certaine affinité entre les structures psychiques inconscientes de l'un et de l'autre, comparable à l'affinité de deux corps chimiques qui réagissent lorsqu'on les met en contact pour se combiner entre eux. Cette attirance sélective est souvent interrogée en cours d'analyse, elle s'explique le plus souvent à partir de l'histoire personnelle antérieure de chacun des partenaires. Il existe une sorte de déterminisme psychique, ce que les Grecs appelaient l'Ananké, la nécessité, qui pousse tel homme vers tel femme et non vers une autre et réciproquement. La recherche de l'être aimé est illustrée par le conte de Cendrillon. Le prince qui était tombé amoureux de Cendrillon a fait défiler toutes les jeunes filles de son royaume et leur a fait essayer la chaussure perdue par celle qu'il aimait. Dans ce conte, le pied de Cendrillon était le seul qui pouvait s'adapter à la chaussure du prince, Cendrillon était la seule femme qui pouvait répondre à son amour. Il est rarement possible de pratiquer une telle sélection aujourd'hui bien que les petites annonces, les agences matrimoniales informatisées et les occasions de rencontres inter-sexuelles de plus en plus nombreuses tendent à augmenter la probabilité d'être mis en présence du partenaire idéal.

Dans toute rencontre, le facteur chance, c'est à dire le hasard, est évidemment important. En tout temps, les êtres humains l'ont sacralisé. La Tuché des Grecs, la Fortune des Romains, la divine Providence des chrétiens, l'horoscope des journaux actuels ont toujours été sollicités par les êtres humains dans leur choix amoureux. Y a-t-il vraiment prédestination des rencontres ? Une seule femme peut-elle convenir à un seul homme et réciproquement ? Une seule clef peut-elle ouvrir une serrure unique ? En fait, à l'expérience de la clinique, c'est faux. Croire à la prédestination des rencontres est une illusion, c'est surtout une résistance inconsciente à l'engagement et à l'adaptation à l'autre. L'incarnation du rêve amoureux en une personne réelle implique la reconnaissance et l'acceptation de l'autre différent et imparfait. Accepter l'autre tel qu'il est implique qu'on ait surmonté son complexe de castration, qu'on ait renoncé au fantasme de l'autre complément narcissique parfait de soi.

*2 - La rencontre amoureuse*

Les premières rencontres avec celui ou celle qu'on va aimer se déroulent suivant des règles bien définies, variables évidemment d'une époque à l'autre, d'un lieu à l'autre ; chacun doit jouer son rôle et séduire celui ou celle qu'il veut aimer. La rencontre amoureuse entre un homme et une femme éduqués consiste en une approche progressive du corps, du cœur et de l'esprit de l'autre, dans laquelle la langue et le langage sont essentiels, c'est le flirt. Flirter est un mot de Français ancien : fleureter, conter fleurette, qui nous revient après un détour en Angleterre. Séduire, étymologiquement, c'est sub-duco, soumettre. Autrefois, l'homme était le séducteur actif, le chasseur, et la femme celle qui était séduite, la proie qui se laissait prendre, aujourd'hui l'inversion des rôles est fréquente. La « drague » n'est plus une spécialité masculine. La relation de séduction s'exerce d'abord à distance, par la médiation du regard. Pour que le contact s'établisse, que la glace soit brisée, il faut que l'un ou l'autre exprime son désir par un geste ou une parole et accepte de courir le risque d'un refus. La première parole ou le premier geste est le plus souvent banal, mais il est le support d'un désir intense. S'il correspond au désir de l'autre, un premier lien amoureux s'établit qui se concrétise ou non en rapport sexuel. Dans leur première relation sexuelle, chacun des partenaires cherche à incarner son rêve amoureux, à retrouver dans un être réel l'homme ou la femme idéale de ses rêves. C'est la rencontre de deux imaginaires, de deux fantasmes plus ou moins congruents. C'est une épreuve de réalité qui, répétée, aboutit souvent à la désillusion et à la rupture. La rencontre amoureuse est parfois plus brutale et moins respectueuse des conventions. L'homme recourt à la force pour arriver à ses fins, c'est le viol, ou bien il paie sa partenaire, c'est la prostitution. Dans ces cas, l'acte sexuel est une fin en soi et ne peut se transformer en une relation d'amour, il n'y a pas de métamorphose du désir sexuel en amour de l'autre.

*3 - Le passage de la relation amoureuse à la relation conjugale*

Celui-ci se produit lorsque le lien établi au niveau réel et imaginaire se transforme en lien d'alliance, en lien symbolique. Le couple s'insère alors dans une structure parentale passée, présente et à venir. C'est le passage du sub-duco ou sub-jugo de la relation de séduction au con-jugo, l'homme et la femme s'attachent l'un à l'autre au même joug pour tirer ensemble le même attelage, comme autrefois les bœufs au labour. Comment peut-on expliquer cette métamorphose ? Comment la flamme du coup de foudre peut-elle devenir le feu entretenu du foyer domestique ? Cette transformation qui demande du temps et un travail psychique sur soi, fait passer de l'amour adolescent à l'amour adulte, de la recherche individuelle du plaisir à la recherche du bonheur à deux. Dans la relation conjugale, l'équilibre narcissique de chacun s'efface au profit d'un équilibre psychique à deux, celui de la relation intersubjective, avec ouverture sur le monde social et intégration dans une structure parentale.

Lorsqu'un homme et une femme tombent amoureux l'un de l'autre et qu'une relation passionnelle se développe entre eux, il y a rencontre de deux désirs congruents, chacun est pour l'autre objet de désir et moyen de jouissance ; cela ne pourra pas durer, puisque chacun réduit l'autre à l'image qu'il se fait de lui et qu'il le nie en tant que sujet autonome. Dans ce premier temps de la rencontre amoureuse, il y a recherche d'une valorisation narcissique de soi, recherche d'un plaisir orgasmique synchronique mais éprouvé individuellement. La relation amoureuse passionnelle est à la fois relation d'objet de type symbiotique et relation d'identification à l'image du moi idéal renvoyée par l'autre. La relation entre un homme et une femme qui se concrétise en un rapport sexuel est la réalisation d'un désir de fusion et de complétude, celui que Platon a représenté dans son mythe de l'androgyne : deux êtres différents et incomplets s'unissent pour former un être parfait qui est la synthèse des deux. Ce désir fusionnel est pour les psychanalystes la réactualisation du désir de l'enfant pour le sein de sa mère ; le plaisir sexuel provoqué par la pénétration du pénis dans le vagin réactualise le plaisir éprouvé, de part et d'autre, lorsque le mamelon de la mère pénètre dans la bouche de l'enfant. La passion amoureuse est aussi une relation en miroir avec l'autre qui correspond à la formule : « Je m'aime parce que je sens qu'il me désire ». Il n'y a pas vraiment d'échange, l'autre ne me donne rien de lui et moi non plus. Dans cette forme narcissique de l'amour, les positions sont strictement symétriques et réversibles : chacun incarne pour l'autre l'objet de son désir, chacun aime en l'autre l'autre qui l'aime. Dès que l'un des partenaires se manifeste dans sa singularité ou cherche à échapper à une aliénation qui commence à lui peser, l'autre a tendance à réagir sur un mode agressif, il se sent dépossédé, dépersonnalisé. La relation symbiotique et narcissique de l'amour-passion correspond au processus d'énamoration que Stendhal appelle la cristallisation amoureuse. Les amoureux sont comparés par lui à des branches d'arbre ramifiées et dépouillées de leurs feuilles qu'on plonge dans une mare d'eau salée, comme cela se fait dans une mine de sel près de Salzbourg. Quand on les retire plusieurs semaines plus tard, elles sont couvertes de cristaux de chlorure de sodium et brillent de mille feux au soleil, le sel les a transformées en merveille de la nature. Pour Stendhal, l'amour, comme le sel, métamorphose deux êtres banaux en êtres exceptionnels mais c'est tellement fragile que le moindre choc ou la moindre averse peut les ramener à leur état antérieur.

Par opposition à l'amour-passion qui à la fragilité du cristal, l'amour conjugal est un liant psychique qui unit solidement et durablement deux êtres. Si je recours comme Stendhal à une métaphore ayant le sel comme point de départ, je dirai que l'homme est un ion de sodium provenant d'une molécule de soude et la femme un ion de chlore provenant d'une molécule d'acide chlorhydrique. En solution aqueuse, ces deux ions réagissent l'un au contact de l'autre pour former une molécule de chlorure de sodium, elle apparaît sous forme cristalline par évaporation de l'eau de la solution. La combinaison du chlore et du sodium a lieu parce que l'ion sodium apporte un électron à la couche périphérique des électrons de l'ion chlore qui en compte sept. La stabilité chimique de la molécule de chlorure de sodium est obtenue par la mise en commun des électrons périphériques, pour cela il faut qu'ils soient au nombre de huit. La relation conjugale peut ainsi être comparée à la combinaison de deux atomes provenant de deux corps chimiques différents, ayant des affinités l'un pour l'autre. Réunis entre eux, ils forment une molécule nouvelle stable, mais pas indestructible.

Quand une relation conjugale stable s'instaure entre un homme et une femme, on peut dire qu'ils ont accédé à un au-delà de la relation symbiotique et narcissique du début de leur vie amoureuse, qu'ils sont parvenus à instaurer entre eux une relation intersubjective et qu'ils constituent une dyade à partir de deux monades psychiques. Dans la relation conjugale, l'homme et la femme sont à la fois sujet et objet, pour eux-mêmes et pour l'autre, il y a un échange équilibré entre les deux psychismes, comparable au métabolisme physico-chimique de la vie biologique ; il y a toujours un surplus d'amour ou de libido qui peut s'investir dans l'entourage ou dans la conception d'un enfant.

L'amour durable est une synthèse réussie entre l'amour fusionnel, l'amour narcissique et l'amour érotique. La relation conjugale est une relation d'échange réciproque où chacun est à la fois sujet et objet de désir et d'amour. Pour chacun des partenaires, il y a condensation et totalisation en un seul être de toutes les expériences amoureuses antérieures avec, en plus, une projection sur l'autre d'un au-delà inconnu auquel il aspire. Cet au-delà, c'est la part d'idéal et d'ouverture nécessaire à une vie qui, sinon, se referme sur elle-même en un cercle, celui de la compulsion de répétition. Cette part de ciel ou de rêve, cette ouverture sur un au-delà de la réalité quotidienne, a souvent été sacralisée ou divinisée, c'est l'Amour avec un grand A des poètes et des mystiques, c'est, autrement dit, l'accès à la dimension symbolique de l'existence, à l'amour comme sens de l'existence. Cela se traduit concrètement par la transformation du désir de l'autre en amour de l'autre, l'amour étant alors l'interprétation, la signification, que les deux partenaires donnent, à un moment donné, à leur désir sexuel, cela pourrait se formuler ainsi : « Si je le désire, cela signifie que je l'aime, s'il me désire, cela signifie qu'il m'aime. ».

Aimer l'autre au point de vouloir constituer avec lui un couple, c'est donner une signification symbolique à l'acte sexuel, c'est faire de lui la porte d'accès au sublime ou au surnaturel, à la dimension esthétique, poétique et religieuse de l'existence, celle qui peut faire oublier momentanément à chacun sa condition d'être mortel, ses aliénations et ses faiblesses. Quand un homme et une femme s'aiment à ce point, ils peuvent exprimer facilement leurs sentiments amoureux et se dire des « je t'aime » qui signifient quelque chose, le plus souvent : « Je veux t'aimer toujours, partager ma vie avec toi et avoir des enfants de toi. ». Le passage de l'amour-passion à l'amour conjugal est un acte symbolique, qu'il soit ou non enregistré par une autorité civile ou religieuse. En se mariant, l'homme et la femme signent un contrat qui les lie pour la vie. Ils s'engagent ainsi à s'aider mutuellement et à prendre leur place dans la succession des générations.

L'acte de mariage est le point de départ d'une histoire commune, c'est la projection, l'anticipation d'un avenir commun. L'engagement dans une vie à deux implique le renoncement définitif à la famille d'origine et à l'autre idéal de l'adolescence. C'est à cette phase de son existence que chacun doit rompre le lien œdipien qui peut encore le relier à ses père et mère et que chacun doit accepter ses limites et celles de son conjoint et résoudre ainsi son complexe de castration. L'établissement du lien conjugal correspond au passage d'une relation narcissique fermée sur elle-même à une relation intersubjective ouverte faisant une place aux enfants à naître et aux autres.

## 3 - LES ÉTAPES SUCCESSIVES DE LA VIE CONJUGALE

Si l'amour qui dure est comparable à un feu qui ne s'éteint pas, celui du foyer domestique des Romains, ou au métabolisme de tous les êtres vivants, on doit admettre, comme J.G. Lemaire, qu'un couple ça vit, ça souffre et ça peut mourir de la même façon qu'un individu. Pour qu'il vive bien, une symbiose doit s'instaurer entre les deux conjoints, mais aussi des échanges avec le monde environnant. On peut décrire quatre étapes dans la vie d'un couple : une période d'adaptation et d'apprentissage de la vie à deux, une période de fécondité avec l'installation matérielle dans la vie commune, la naissance et l'éducation des enfants, une période de maturité et de vieillissement à deux, enfin une période où la vie du couple se prolonge pour le survivant au-delà de la mort de son conjoint.

Actuellement, quand l'amour meurt, le couple ne subsiste pas, il y a séparation et souvent recherche d'un autre partenaire à aimer. Il n'en a pas toujours été ainsi, c'est pour cela qu'au niveau de l'inconscient individuel et collectif de la jeune génération, subsistent des traces d'un modèle plus ancien de la vie conjugale, celui que tente de maintenir vivant les traditionnalistes. Ce modèle traditionnel, habituellement refoulé, il est important de le connaître et de le repérer au cours d'une psychothérapie.

Le plus souvent, la vie en commun, l'éducation des enfants, les questions matérielles, l'intégration dans une structure familiale et sociale font que progressivement la vie du couple devient, pour chacun des conjoints, plus importante que la vie individuelle. Cela ne se fait pas sans crise, sans résistance, sans menace de rupture. Lorsque chacun se rend compte par expérience que la vie à deux est plus satisfaisante affectivement que la solitude ou les aventures amoureuses au gré des rencontres, il s'établit entre mari et femme une sorte de gentlemen's agreement, un nouveau contrat de vie commune, dans lequel chacun reconnaît à l'autre une plus grande part de vie personnelle, une plus grande autonomie, un droit à la différence. Dans d'autres cas, mari et femme finissent par s'identifier l'un à l'autre et par devenir semblables, comme Philémon et Baucis, le couple de vieillards décrit par Ovide dans *Les Métamorphoses*.

La dernière étape de la vie d'un couple, c'est le vieillir ensemble ou l'un sans l'autre. La lutte en commun contre la maladie, les infirmités et la mort rapprochent le plus souvent les deux conjoints. Quand le premier est décédé, celui qui reste éprouve souvent le désir de le rejoindre au plus vite dans un autre monde où il espère pouvoir le retrouver pour toujours...

II

# LES DIFFÉRENTES FORMES PATHOLOGIQUES DE LA VIE AMOUREUSE

# LES ÉTUDES DE CAS, MÉTHODE D'ENSEIGNEMENT ET DE RECHERCHE EN PSYCHOPATHOLOGIE

Comme je l'écrivais en 1990 dans *Introduction à l'étude de la psychiatrie analytique*, j'ai mis au point à partir de 1970 une méthode d'enseignement de la psychopathologie à partir de l'étude de cas cliniques issus de ma pratique de psychothérapeute. Dans l'ouvrage actuel, je rassemble seize études cliniques concernant la pathologie de la vie amoureuse. La méthode des études de cas dérive de la présentation de malades à l'hôpital. J'ai pratiqué celle-ci pendant plusieurs années en tant que chef de clinique. Lorsque je suis devenu psychiatre libéral, j'ai poursuivi mon enseignement, mais, ne pouvant plus présenter de malades, j'ai eu l'idée d'exposer oralement le cas de patients que je suivais en psychothérapie et de demander aux étudiants de m'interroger sur eux, comme ils l'auraient fait directement, si le patient avait été là pour répondre. J'ai alors pu constater que la discussion clinique qui suivait l'exposé était la même qu'après une présentation de malade et intéressait autant les étudiants. Grâce à cette méthode, j'ai pu initier, pendant vingt-cinq ans, les étudiants qui m'ont été confiés à une psychopathologie vivante et dynamique, mais aussi commencer un travail de recherche clinique en rédigeant les observations cliniques et leur commentaire, après plusieurs années d'échange et de discussion avec les étudiants. Ce faisant, je me suis rendu compte que, pour un psychothérapeute, les trois fonctions de praticien, d'enseignant et de clinicien sont indissociables et complémentaires et constituent pour lui la meilleure des formations permanentes. Je me suis aussi rendu compte que, pour l'étudiant qui ne peut assister en tiers à une séance de psychothérapie sans la perturber, le psychothérapeute enseignant est un relais transférentiel. Par sa médiation, l'étudiant peut se situer imaginairement comme patient ou thérapeute dans la relation psychothérapique. Actuellement, la triple fonction : praticien, enseignant, clinicien est rarement exercée conjointement. Dans l'organisation de l'enseignement de la psychiatrie et de la psychologie, la fonction de clinicien a disparu et il arrive même que celui qui enseigne la psychopathologie ne soit pas psychothérapeute.

J'ai choisi les observations présentées en fonction de leur intérêt didactique. J'ai retenu les plus simples, les plus démonstratives, celles où la problématique morbide a pu se résoudre facilement et rapidement, ce qui n'est pas toujours le cas. Dans l'exposé clinique, je m'efforce d'être bref et concis, le plan est toujours le même :

— présentation du patient
— description de ses symptômes et de son mal-être
— éléments essentiels de son histoire
— description de processus psychothérapique
— évolution ultérieure

J'ai isolé et classé sept formes cliniques de pathologie de la vie amoureuse en fonction de la fréquence de leur survenue et de leur chronologie dans le déroulement de la vie conjugale. Ces formes cliniques sont les suivantes :

1 - Initiations sexuelles pathogènes
2 - Débuts difficiles de la vie en couple
3 - Perturbations psychiques induites chez une femme par la conception et la naissance d'un enfant
4 - Perturbations psychiques induites chez un homme par l'engendrement d'un enfant
5 - Impuissance et frigidité
6 - Infidélité conjugale
7 - Rupture du lien conjugal

Après l'exposé et l'analyse des cas correspondant à l'une de ces formes cliniques, j'étudie dans un chapitre séparé le processus psychopathologique inconscient qui détermine la symptomatologie des patients et mon action thérapeutique.

# 1 - INITIATIONS SEXUELLES PATHOGÈNES

## CAS n°1
# Un inceste père-fille

### *Exposé du cas*
### *(Extraits du rapport d'expertise mentale)*

*Un dimanche d'octobre, Claudine, quatorze ans, tente de se suicider dans sa chambre, en absorbant des médicaments. Le médecin qui intervient en urgence découvre sur sa table de nuit une lettre dans laquelle Claudine accuse son père de l'avoir mise enceinte. Christian, le père, est interrogé par la police et reconnaît avoir eu un rapport sexuel avec sa fille en juin, il est aussitôt incarcéré. Au cours de son hospitalisation, Claudine subit un examen gynécologique qui permet de constater qu'elle n'est plus vierge, mais qu'elle n'est pas enceinte. Entendue par la police, Claudine affirme qu'elle a eu de nombreux contacts sexuels avec son père depuis l'âge de huit ans, qu'elle a eu un rapport sexuel complet avec lui avant de partir en vacances mais qu'elle ne pouvait pas être enceinte de lui puisqu'il avait utilisé un préservatif. Claudine reconnaît qu'elle a menti en écrivant sa lettre de dénonciation, elle ne sait pourquoi. En juillet, août et septembre, elle a eu des relations sexuelles nombreuses avec des adolescents, mais aussi avec deux hommes adultes, son oncle et l'employeur de celui-ci, alors qu'elle était en vacances chez sa grand-mère. L'oncle et son patron ont été interrogés par la police, ils ont reconnu les faits et ont été mis en examen et incarcérés, comme le père.*

*Par ordonnance du juge d'instruction, j'ai été chargé de pratiquer l'examen psychologique de Christian et de Claudine, d'analyser en particulier les motivations de la conduite incestueuse du père et le retentissement psychologique de celle-ci sur l'équilibre psychique actuel et futur de Claudine. Je relate, ci-dessous, les principaux passages de mon rapport d'expertise qui résument et synthétisent le récit que Christian et Claudine m'ont fait de leur vie et de leurs relations incestueuses.*

### LES DONNÉES DE MON ENTRETIEN AVEC CHRISTIAN

*Christian est né dans une famille de huit enfants, il était le troisième et se serait beaucoup occupé des plus petits. Le père, mineur de fer, était agressif quand il avait bu, il a été longtemps en invalidité et il est mort d'un infarctus à cinquante-neuf ans. Sa mère est une femme obèse, hypertendue, qui présenterait des signes d'involution sénile. Christian a fréquenté l'école primaire jusqu'à quatorze ans, il a été par la suite interne en collège d'enseignement technique, a échoué au CAP. Christian a effectué son service militaire sans problème. Avant la rencontre de son épouse, à l'âge de vingt et un ans, Christian a eu quelques flirts, mais jamais de relations sexuelles. Il savait que sa femme était une oligophrène et qu'elle était incapable de se débrouiller seule dans la vie, cela ne l'a pas fait reculer. Christian n'a jamais regretté son mariage, sa femme est affectueuse et serviable, il lui reproche cependant de ne pas avoir de désirs sexuels. Il aurait voulu avoir plusieurs rapports sexuels par semaine avec elle, il en avait un ou deux par mois et se rendait compte que son épouse n'aimait pas ça. Christian n'aurait pourtant jamais cherché à avoir de relations extra-conjugales. A la naissance de Claudine, son épouse n'a pas accepté le bébé, elle ne voulait pas le prendre dans ses bras, elle lui jetait des objets à la figure, il a fallu la placer en hôpital psychiatrique pendant plusieurs mois. A son retour, elle ne s'est pas occupée de Claudine, c'est Christian et sa mère qui l'ont élevée. Depuis son mariage, Christian travaille dans une grande entreprise comme conducteur de machine, pendant ses loisirs, il aide bénévolement un ami qui tient un café. Christian habite avec sa femme et sa fille dans un appartement de type H.L.M. et possède une voiture.*

*Christian se serait toujours senti très proche de sa fille. Il s'est beaucoup occupé d'elle lorsqu'elle était petite. Il y aurait toujours eu une intimité physique entre eux. Christian me dit en particulier : «on prenait le bain ensemble, Claudine me lavait les cheveux et moi les siens... Elle aimait se promener nue devant moi... Les contacts sexuels, c'est venu tout doucement, elle devait avoir neuf ans, ça lui plaisait autant qu'à moi, on se caressait, je lui demandais de me masturber... je ne l'ai jamais forcée, je ne lui ai jamais demandé de prendre des poses ou de me sucer la verge, comme Claudine m'en a accusé». Christian reconnaît qu'il a masturbé Claudine et qu'il a eu un rapport sexuel complet avec elle. Il pense que Claudine n'était plus vierge. D'après ses dires, elle n'aurait pas eu mal au moment de la pénétration, il n'y aurait pas eu de saignement et elle aurait éprouvé du plaisir comme lui. Pour ce rapport sexuel, Christian a utilisé un préservatif que Claudine lui aurait acheté quelques jours plus tôt.*

*Christian me raconte ainsi ce qui s'est passé le jour où Claudine a fait sa tentative de suicide : «Ce dimanche, j'étais resté seul à la maison et j'ai dormi devant la télévision. Ma fille est rentrée vers 16 heures, c'est moi qui lui ai ouvert, on ne s'est rien dit et je n'ai pas cherché à la toucher. A 18 heures, je suis parti rechercher mon épouse qui était chez sa mère. Le matin, Claudine était venue me rejoindre au P.M.U., la veille au soir, elle était sortie avec un ami, elle était rentrée vers 23 heures, elle s'était peut-être disputée avec lui. A 19 heures, quand je suis rentré avec sa mère, elle était étendue sur son lit, elle ne réagissait plus, j'ai aussitôt appelé le médecin».*

*D'après ses dires, Christian n'est pas nerveux, ni violent. Il ne s'énivre pas, mais a le vin gai et aime bien plaisanter, il fume beaucoup, deux paquets par jour. Christian affirme qu'il n'a jamais eu conscience de nuire à sa fille, il ne l'a jamais forcée. Il ne s'est pas rendu compte qu'elle était anxieuse et déprimée et il n'a pas pensé qu'elle pouvait tenter de se suicider à cause de lui, ni qu'elle pouvait l'accuser d'avoir abusé d'elle. Il exprime des regrets mais souhaite que sa fille dise la vérité et reconnaisse qu'elle cherchait souvent à le provoquer et qu'elle appréciait, autant que lui, leurs jeux sexuels.*

## LES DONNÉES DE MON ENTRETIEN AVEC CLAUDINE

*Claudine est fille unique. Elle me dit que ses parents se sont rencontrés à Lourdes, au cour d'un pèlerinage. Sa mère était venue comme handicapée mentale, son père comme brancardier. Claudine a été élevée au début de sa vie par sa grand-mère paternelle et son père, sa mère ayant dû être hospitalisée en établissement psychiatrique aussitôt après sa naissance. Claudine s'est toujours sentie plus proche de son père que de sa mère, elle a conscience que celle-ci est débile, qu'elle n'a jamais pu être véritablement une femme pour son père, ni une mère pour elle, et qu'elle est restée une enfant toujours dépendante de sa propre mère.*

*Depuis l'âge de huit ans, Claudine rejoignait son père dans la chambre parentale les mercredis après-midi, alors que sa mère était chez sa grand-mère maternelle. Elle se déshabillait et se couchait nue à côté de son père qui était nu lui aussi. Il la caressait sur tout le corps et elle en faisait autant. Il lui avait appris à le masturber avec les mains et aussi avec la bouche. Claudine acceptait ces jeux sexuels sans réticence, sans trouver cela anormal. Elle sortait avec son père, l'accompagnant en particulier au café. Elle n'avait pas peur de lui et l'aimait beaucoup, alors qu'elle n'avait aucune affinité avec sa mère et ne partageait rien avec elle.*

*A partir de treize ans, peu après ses premières règles, Claudine, a des orgasmes à la suite des masturbations clitoridiennes pratiquées par son père. Un jour, après l'avoir masturbée, Christian enfile un préservatif et introduit son sexe dans le vagin de Claudine, il a un orgasme et il éjacule. Claudine affirme que c'était son premier rapport sexuel mais qu'elle n'a pas saigné et qu'elle s'est laissée faire sans résistance. Par la suite, les jeux sexuels se sont interrompus et Claudine a refusé d'avoir d'autres rapports sexuels avec son père, malgré les demandes insistantes de celui-ci. Au cours des semaines qui suivent, Claudine se sent bizarre et angoissée, elle a cependant des relations sexuelles avec des adolescents de son quartier, sans désir ni plaisir, et elle fait tout pour éviter de se retrouver seule avec Christian. Claudine comprend alors que ce qu'elle a fait avec son père est anormal, elle en a honte et n'ose en parler à personne.*

*Au cours de l'été, Claudine est en vacances chez sa grand-mère paternelle qui a été sa mère nourricière. Elle sort en boîte avec son oncle célibataire qu'elle considère comme son grand-frère et le patron de celui-ci et elle a des relations sexuelles avec les deux hommes, ces relations sexuelles se répètent une semaine plus tard. La grand-mère ne s'est pas inquiétée des sorties nocturnes de sa petite-fille avec deux hommes adultes. A la suite de cela, Claudine craint d'être enceinte. Sur le conseil d'une tante, elle pratique un test de grossesse qui se révèle négatif, elle décide alors de consulter un médecin qui lui prescrit une pilule contraceptive.*

*A la rentrée scolaire, Claudine se déprime, elle ne sort plus, n'a plus de goût à rien et se sent triste. Elle ne supporte plus que son père la touche. Un dimanche après-midi, se retrouvant seule avec lui, elle craint qu'il ne veuille avoir un rapport sexuel et qu'elle ne puisse s'y opposer. C'est ainsi qu'impulsivement, sans réfléchir à l'avance aux conséquences de ses actes, Claudine avale des comprimés et rédige sa lettre de dénonciation.*

*Au moment où je rencontre Claudine, elle a quinze ans, elle est revenue vivre auprès de sa mère, après un placement provisoire en internat de quelques mois. Elle craint de devoir y retourner à la suite de mon expertise. Claudine se sent mieux depuis que son père est en prison. Elle ne manifeste ni ressentiment ni compassion à son égard. Elle pense que son père a cherché à avoir des relations sexuelles avec elle parce que sa mère se refusait à lui et que, de ce fait, il a des excuses. Claudine a maintenant de nombreux amis avec lesquels elle a des relations sexuelles. Elle a l'impression d'avoir plus de quinze ans et d'être devenue une femme adulte. Claudine a des désirs sexuels et éprouve du plaisir avec ses partenaires sexuels. Elle me demande de faire en sorte qu'elle ne retourne pas en internat et qu'elle obtienne son émancipation.*

*Claudine se décrit comme un être sociable, elle a beaucoup de camarades, filles ou garçons, tous plus âgés qu'elle, elle les retrouve au café et aime rire et plaisanter avec eux. Claudine est certainement intelligente, mais ses résultats scolaires sont mauvais, elle n'a aucun goût pour les études et ne travaille pas. Elle envisage de faire un apprentissage de coiffeuse lorsqu'elle aura seize ans.*

### LE VERDICT

*Lors de son procès devant la Cour d'Assises, Christian a été condamné à une peine de 5 ans de prison. Il a bénéficié de circonstances atténuantes.*

## Analyse psychologique

Cette observation d'inceste père-fille présente un triple intérêt :

— Elle permet de confronter la version des faits donnée par celui que la justice nomme l'agresseur et celle de sa victime. On se rend compte qu'elles ne sont pas contradictoires comme c'est très souvent le cas dans les autres affaires judiciaires.

— Elle permet d'étudier la relation incestueuse à partir de leur histoire familiale sur trois générations.

— Elle montre qu'à l'inceste père-fille s'ajoute un inceste oncle-nièce. Cela étaye l'hypothèse que je développerai plus loin d'une psychogenèse familiale transgénérationnelle du passage à l'acte incestueux.

### L'HISTOIRE FAMILIALE DE CHRISTIAN ET CLAUDINE

Le père de Christian est alcoolique. Que son alcoolisme soit primitif ou secondaire à une mésentente conjugale, il a pour conséquence de l'exclure du cercle familial. Les liens entre la mère et ses huit enfants s'en trouvent renforcés. Pour devenir lui-même, Christian n'a certainement pas d'autre solution que de s'identifier à celle-ci et de devenir la petite mère de ses frères et sœurs. Il prend probablement goût à les materner parce que les soins corporels prodigués lui permettent de satisfaire ses pulsions sexuelles naissantes. Ses câlins se muant en caresses érotiques et jeux masturbatoires, son désir sexuel se fixe sur les enfants, on peut situer là l'origine de sa pédophilie.

Le choix conjugal de Christian est apparemment incompréhensible. Il s'explique pourtant bien à partir de cette fixation pédophilique. Resté enfant sur le plan affectif et sexuel, Christian n'est pas attiré par les jeunes filles de son âge, mais il l'est par une femme-enfant, une handicapée mentale, sans désir sexuel, n'exigeant rien de lui, sinon sa protection. En l'épousant, il veut être à la fois sa mère, son père, son grand frère et son mari, donc établir avec elle une relation symbiotique. Il veut aussi l'initier au plaisir sexuel et satisfaire sur elle, à volonté, ses fantasmes pédophiliques. Mais son épouse ne répond pas à son attente. Elle ne peut pas non plus répondre à la demande d'amour de sa fille Claudine, à la naissance de celle-ci. Elle est, en effet, encore plus attachée à sa mère que Christian à la sienne et absolument incapable de passer de la position de fille à celle d'épouse et de mère.

Claudine est élevée, dès sa naissance, par son père et sa grand-mère, mais Christian ne s'est pas situé comme père par rapport à elle, plutôt comme une mère, il n'y a pas, dans son inconscient, de représentation psychique de la fonction paternelle.

## L'INSTAURATION PROGRESSIVE D'UNE RELATION INCESTUEUSE ENTRE CHRISTIAN ET CLAUDINE

Comme il le dit lui-même, Christian est proche de sa fille, il ne s'impose aucun interdit sexuel dans ses rapports avec elle. Dès les premiers mois de la vie de Claudine, s'instaure entre le père et la fille une relation symbiotique et narcissique, telle qu'elle existe habituellement entre une mère et sa fille. Double narcissique de sa mère auprès de Claudine, il cherche à faire de sa fille le double narcissique de l'enfant qu'il a été, il peut ainsi revivre, dans la position de la mère, la relation privilégiée qu'il a eue avec elle à la génération précédente. Mais quand Claudine grandit, Christian cherche aussi à faire d'elle l'objet de ses désirs sexuels.

« Les premiers contacts sexuels, c'est venu tout doucement », m'a dit Christian. Ils se sont certainement produits avant neuf ans, probablement bien plus tôt, à l'âge du complexe d'Œdipe. A cette période, les petites filles rompent habituellement le lien symbiotique et narcissique qui les relie encore à leur mère et cherchent à plaire à leur père. Leur complexe d'Œdipe se résout quand le père refuse de céder à leur séduction, en s'imposant à lui-même l'interdit de l'inceste. La fille peut alors s'identifier à sa mère et chercher à plaire aux hommes hors du cercle familial. Christian ne résiste pas au charmes de Claudine, parce que personne ne lui a édicté d'interdit sexuel et qu'il croit que tout est permis entre membres d'une même famille. Il a donc répondu au jeu de séduction de Claudine en exhibant son pénis en érection et en lui demandant de le prendre dans ses mains et dans sa bouche. A la séduction narcissique de Claudine, Christian a répondu par une séduction sexuelle. Son phallus est devenu leur jouet commun, leur objet de désir et de plaisir exclusif.

Claudine accepte de faire plaisir à son père en le masturbant et en se prêtant à toutes ses fantaisies érotiques parce qu'elle l'aime et qu'elle croit que son père l'aime et cherche, lui aussi, à lui faire plaisir. Christian abuse ainsi de sa fille en la trompant sur ses intentions, en faisant semblant de l'aimer, alors qu'il ne recherche que son plaisir. Au début de leurs jeux érotiques, Claudine n'éprouve sûrement ni désir, ni plaisir sexuel, mais progressivement, par identification à son père, apparaissent en elle un désir, le désir du désir de son père et un plaisir, le plaisir de faire plaisir à Christian, en provoquant ses orgasmes. Cette excitation sexuelle régulièrement entretenue est à l'origine de la fixation de Claudine à la phase phallique de son développement psychosexuel.

Bien que Christian le nie, Claudine s'est certainement exhibée à sa demande dans des poses lascives et a pratiqué des fellations. Ces jeux sexuels pervers se sont répétés chaque semaine pendant plus de six ans, on peut penser que chacun y trouvait son compte : satisfaction sexuelle pour Christian, satisfaction narcissique pour Claudine. Alors que la plupart des enfants renoncent au plaisir sexuel pour s'investir dans d'autres activités, Claudine ne renonce à rien et ne connaît pas de période de latence, toute sa libido reste investie dans sa relation érotique avec Christian. Son corps et son esprit restent accaparés par ce que Freud appelle l'envie du pénis, elle vit avec son père dans un monde clos, phallocentrique, hors de la réalité. Pour Claudine, le principe de réalité ne se substitue pas au principe de plaisir, aucun surmoi, aucun interdit n'est intériorisé dans son psychisme.

## LE PASSAGE À L'ACTE INCESTUEUX ET SES CONSÉQUENCES

A partir de la puberté, Claudine se transforme morphologiquement et physiologiquement, elle devient femme et éprouve, elle aussi, des désirs sexuels. Les caresses clitoridiennes et probablement vaginales de Christian provoquent des orgasmes et sa défloration ou, du moins, la distension, « la complaisance », de son hymen. Pendant quelques mois, leurs positions sont parfaitement symétriques, ils éprouvent dans leur corps et dans leur sexe, chacun de son côté, le même plaisir masturbatoire.

Si Claudine a bien acheté des préservatifs pour avoir des rapports sexuels complets avec son père, on peut en déduire qu'elle a l'initiative de ce passage à l'acte incestueux et qu'elle le désire autant que Christian. Le coït n'est pas un viol, le père agit sans brutalité, sa fille se laisse faire sans résister. C'est probablement pour cela qu'elle ne saigne pas et ne souffre pas et non parce qu'elle n'est plus vierge. Christian dit que sa fille a éprouvé du plaisir comme lui, Claudine n'en parle pas spontanément, je n'ai pas voulu lui poser de questions à ce sujet. Si on tient compte des bouleversements que cet acte a produit dans sa vie sexuelle et affective ultérieure et du contenu de sa lettre de dénonciation, on doit faire l'hypothèse que Claudine n'a pas seulement éprouvé un orgasme comme son père, mais aussi une jouissance sexuelle supplémentaire qui a eu, au niveau de son inconscient, l'effet traumatisant d'une bombe. Elle a d'abord joui en réalisant le fantasme d'être la femme de son père, en possédant pour de vrai son phallus si longtemps convoité. Elle a joui, en plus, en réalisant un autre fantasme, resté jusqu'alors inconscient, celui d'avoir un enfant de son père. Trois mois plus tard, au moment où elle a voulu se suicider, elle croyait encore à la réalisation de ce désir œdipien, malgré le préservatif.

Christian n'est pas bouleversé par son rapport sexuel avec sa fille. Le plaisir qu'il éprouve n'est pas différent de celui qu'il éprouve habituellement avec elle : un plaisir d'organe sans plus. Pour lui, rien n'a changé entre Claudine et lui et les jeux érotiques peuvent reprendre comme avant. Cependant, Christian se soumet à l'interdit que Claudine lui impose de ne plus la toucher, sans chercher à comprendre pourquoi. Pour lui, avoir fait l'amour avec sa fille, c'est encore s'être fait masturber par elle et avoir joui sur un mode auto-érotique. Il n'y a pas eu pour lui métamorphose du plaisir sexuel en amour donné et reçu. Christian est resté fixé à son statut d'enfant phallique, Claudine n'a pas réussi à faire de lui un homme aimant. Aucune relation intersubjective n'a pu s'établir entre eux.

Claudine est certainement déçue par l'absence de réaction de son père après l'acte. Mettre en scène à nouveau les fantasmes pervers de celui-ci ne l'intéresse plus. Elle voudrait maintenant qu'il l'aime vraiment. Elle s'est donnée à lui, elle attend, en retour, qu'il lui donne l'enfant qu'elle désire maintenant de lui, du moins qu'il lui manifeste sa reconnaissance et son amour. Se rendant compte rapidement que son père est incapable de répondre à sa demande, elle se détourne de lui et s'engage dans une quête éperdue d'amour.

Pendant ses vacances d'été, Claudine a des relations sexuelles sans lendemain avec plusieurs adolescents de son entourage, eux non plus ne lui apportent pas cet au-delà du plaisir érotique qu'elle recherche maintenant. Son oncle encore moins. En acceptant, lui aussi, d'avoir des relations incestueuses avec elle et surtout en l'offrant à son patron, il l'a réduite à l'état de femme-objet, il l'a prostituée.

A son retour chez ses parents, Claudine se sent malheureuse, abandonnée, elle n'a plus envie de rien, elle a honte de ce qu'elle a fait et se déprime. Personne ne se rend compte de son état de détresse et ne cherche à l'aider, pas même son père.

## LE PASSAGE À L'ACTE SUICIDAIRE ET SES CONSÉQUENCES

Lorsque Claudine se retrouve seule avec son père, un dimanche d'octobre, elle éprouve à nouveau le désir d'avoir un enfant de lui qui la consolerait de tous ses malheurs et saurait l'aimer et la rendre heureuse, comme elle l'était autrefois. Seule dans sa chambre, elle attend qu'il vienne et lui donne enfin ce qu'elle désire de lui. Déçue une nouvelle fois, Claudine réagit impulsivement, sans réfléchir aux conséquences de ses actes. Elle avale ses comprimés pour fuir dans le sommeil ou même la mort. Sa lettre d'adieu est un appel de détresse adressée à ceux qui voudront bien l'entendre et la comprendre, mais aussi un cri de vengeance, qui accuse son père.

Claudine ment en disant qu'elle est réellement enceinte, mais ce mensonge exprime sa vérité. Depuis qu'elle a eu un rapport incestueux avec Christian, Claudine n'arrive pas à se débarrasser du fantasme d'avoir un enfant de lui. Inconsciemment, en écrivant sa lettre, elle fait appel à un tiers, à un représentant de la société, hors du cercle familial, pour qu'il s'interpose entre elle et son père et la délivre de lui et de sa grossesse nerveuse.

## ÉVOLUTION ULTÉRIEURE

Lorsque je rencontre Claudine après sa tentative de suicide et l'incarcération de son père, elle est guérie de sa dépression et n'a plus de désir d'enfant. Bien qu'elle n'ait que quinze ans, elle voudrait que la société la reconnaisse comme une femme adulte, libre et responsable d'elle-même. Claudine est fière de son pouvoir de séduction sur les hommes et affirme maintenant qu'elle éprouve du plaisir en ayant des rapports sexuels avec eux. Elle ne recherche plus l'amour auprès d'eux, elle le trouve maintenant du côté de sa mère.

Pendant quelques mois, à la suite du passage à l'acte incestueux, Claudine s'est située dans un triangle œdipien, comme femme et mère, par rapport à un père-époux et un enfant qu'elle aurait eu de lui. Cette crise œdipienne n'a pas abouti à la résolution de son complexe d'Œdipe, mais à sa fixation dans un statut narcissique de femme séductrice. Son désir sexuel est à nouveau celui qu'elle éprouvait antérieurement pour son père, un désir phallique, un désir du désir des hommes. Il est possible que cette forme de désir, associé à la jouissance de la jouissance virile, la pousse un jour à se prostituer.

Quant à Christian, son incarcération ne l'a pas changé. Il se sent dépassé par tout ce qui lui est arrivé, il ne se pose pas de questions ni ne fait son auto-critique. Il s'est adapté à sa vie en détention et ne se plaint de rien. Il justifie sa conduite avec Claudine en disant que sa fille a toujours eu l'initiative, qu'il n'a fait que répondre à ses désirs, pour lui faire plaisir, qu'il ne l'a jamais forcée à rien. Il ne comprend toujours pas qu'elle se soit brusquement détachée de lui après leur unique accouplement et qu'elle ait pu se déprimer et chercher à se suicider à cause de lui.

Christian estime que sa fille l'a trahi en révélant leur secret, il s'enferme dans un statut de victime passive du destin et espère qu'au moment du procès Claudine dira la vérité et qu'elle reconnaîtra qu'il n'a jamais voulu lui faire de mal.

## CAS N°2

# Réaction hystérique à une initiation sexuelle perverse

### *Exposé du cas*

## PREMIÈRE CONSULTATION FAMILIALE

*Christine, seize ans, m'a d'abord consulté avec ses parents, pendant les vacances de Pâques, à la demande du médecin traitant. Elle m'est adressée pour une anorexie mentale avec un amaigrissement de quinze kilos. La mère est inquiète pour sa fille, elle me paraît très déprimée. Le père est mal à l'aise, hostile à toute intervention médicale ; pour lui, Christine n'est pas malade, et sa femme se fait des soucis inutiles. Quant à Christine, elle ne demande rien et supporte mal qu'on parle d'elle. En voyant Christine, je suis d'accord avec son médecin sur le diagnostic, mais pas sur l'indication de psychothérapie, du moins tant qu'il n'y aura pas de demande. Constatant que la mère est manifestement celle qui souffre le plus et la seule qui ait une demande, je lui propose une psychothérapie qu'elle accepte aussitôt.*

## HISTOIRE DE LA FAMILLE

*Au cours de sa psychothérapie qui a duré six mois, la mère m'a fourni les éléments de l'histoire de sa famille nécessaires à la compréhension du cas de Christine. Le père est un enseignant, la mère aussi, mais elle a abandonné son poste pour s'occuper de l'éducation de ses quatre filles âgées maintenant de vingt, dix-huit, seize et douze ans. Christine est la troisième. Les parents sont nés de parents pauvres et sans culture intellectuelle. Ils ont fait l'un et l'autre des études brillantes et se sont mariés avant la fin de leurs études, ils ont eu de graves difficultés financières au début de leur vie conjugale. Les parents ont donné à leurs filles une éducation très libérale, la mère se réservant les tâches ménagères, les filles faisant des séjours fréquents à l'étranger. Christine est la préférée du père, elle l'accompagne souvent au concert. Tout allait bien dans cette famille jusqu'à l'année précédente. En moins d'un an, tout va se dégrader. Le grand-père maternel meurt subitement, la grand-mère accepte mal de se retrouver seule et vient s'installer chez sa fille. Cette grand-mère critique l'éducation qu'elle trouve trop libérale, de ses petites-filles ; elle s'attache particulièrement à Christine et voudrait que celle-ci se fasse baptiser, elle lui propose une récompense en argent si elle accepte de le faire en secret. Christine ne supporte pas ces pressions et demande à ses parents de partir un an en Ecosse au pair. Elle se retrouve donc en septembre dans une auberge de campagne isolée en Ecosse, tenue par un couple sans enfant. Christine revient aux vacances de Noël, sans entrain, plutôt triste, elle ne parle pas. Au cours du réveillon, un drame se produit. A la suite d'une remarque de la grand-mère, le père se met brusquement en colère et la met à la porte en disant qu'il ne veut plus la revoir dans sa maison. Cela coupe l'appétit à tout le monde, à la mère et à Christine en particulier. Christine retourne en Ecosse jusqu'à Pâques. Quant elle revient, elle a perdu quinze kilos, elle n'arrive plus à manger, n'a plus ses règles depuis Noël et ne veut plus retourner dans sa famille d'accueil. La mère, de son côté, est très déprimée, elle se sent coincée entre son mari et sa mère et se sent culpabilisée vis-à-vis de celle-ci. Elle est persuadée que Christine est malade, comme elle, à cause de la colère du père.*

## LES ENTRETIENS AVEC CHRISTINE

*J'ai reçu Christine à sa demande un mois après la première consultation. Elle se pose des questions sur sa famille ; elle ne comprend pas l'attitude de son père et encore moins celle de sa mère qui se laisse faire, elle aime sa grand-mère qui a une forte personnalité, mais elle n'a pas supporté que celle-ci ait voulu l'acheter pour qu'elle se fasse baptiser. Christine n'est pas venue pour me parler de cela, mais pour raconter ce qu'elle a vécu en Ecosse et qu'elle n'a pas osé dire à ses parents, ni à ses sœurs. Au début, elle est très heureuse, elle appelle ses hôtes papa et maman, ils sont très affectueux avec elle ; le matin, ils lui demandent de venir au lit avec eux, l'homme la caresse devant sa femme et lui demande d'en faire autant. Elle doit aussi être familière avec les clients. Le soir, on l'habille en robe courte et décolletée, elle doit aller saluer les clients et accepter de s'asseoir sur les genoux des messieurs si ceux-ci le lui demandent, elle doit aussi se laisser caresser. Le mari et la femme lui disent que le rôle des jeunes filles est d'être le terrain de jeux des hommes. Elle accepte tout passivement comme si elle était, à ce moment là, en état second. Au mois de janvier, sa mère d'accueil se fait opérer d'urgence d'un cancer du sein. Pendant les quinze jours d'hospitalisation, à la demande du père d'accueil, elle vient coucher toutes les nuits dans le lit conjugal. Son père d'Ecosse n'a jamais cherché à avoir des relations sexuelles avec elle, mais il lui demande d'embrasser sa verge, lui, de son côté, caresse ses seins tout en pleurant sur ceux de sa femme. Christine éprouve alors un grand malaise et du dégoût pour ce qu'elle fait, elle le fait pourtant sans y être contrainte. Elle perd l'appétit et se déprime, ne comprenant rien à ce qu'elle vit et supportant mal d'être coupée de ses deux mères. Je ne lui dis rien et lui propose de revenir les semaines suivantes si elle le souhaite. Au cours des semaines suivantes, Christine me parle de sa correspondante allemande qui est venue dans la famille pour les vacances de Pâques. Elle est étonnée et choquée de constater que celle-ci cherche à séduire son père et que celui-ci se laisse faire avec plaisir. Christine a su par la jeune allemande que son père a eu des relations sexuelles avec elle. A la suite d'une remarque de ma part, elle prend conscience de sa propre attirance physique pour son père. Progressivement, Christine se rapproche de sa mère, elle lui raconte ce qu'elle a vécu en Ecosse. Elles sortent souvent ensemble. Elles vont mieux l'une et l'autre. La mère n'est plus déprimée, Christine retrouve l'appétit. Le père s'éloigne un peu plus de la famille, Christine pense qu'il a une liaison, elle n'en est pas jalouse.*

### ÉVOLUTION ULTÉRIEURE

*Après les vacances d'été, je n'ai pas revu Christine, mais sa mère a poursuivi sa psychothérapie jusqu'en novembre. J'ai su par elle que Christine a repris dix kilos, qu'elle est à nouveau réglée et a retrouvé le goût de vivre.*

## Analyse psychologique

### L'EFFONDREMENT D'UNE FAMILLE

A partir de la mort du grand-père, il se produit une réaction en chaîne, qui aboutit à l'effondrement de toute la structure familiale et à la perturbation psychique d'au moins deux de ses membres : Christine et sa mère. Cet effondrement révèle une structure familiale œdipienne à deux niveaux, avec des liens affectifs verticaux plus forts que les liens horizontaux. Christine s'est rapprochée de son père à l'adolescence, parce que sa mère, renonçant à toute satisfaction personnelle pour se consacrer à son mari et à ses filles, lui a donné une image très défavorable de la femme dans laquelle elle ne veut pas se reconnaître. Le père se sent flatté de plaire à ses filles et aux amies de celles-ci, sa femme déprimée est devenue moins attractive pour lui. Beaucoup d'hommes et de femmes de son âge se donnent ainsi à bon compte l'illusion de rester indéfiniment jeunes en se croyant de plain-pied avec la jeune génération, mais le démon de midi n'est jamais que l'incarnation d'un désir œdipien et ne peut que susciter des drames névrotiques. Avant que Christine ne parte en Ecosse, la structure de la famille avait induit en elle une organisation hystérique de sa personnalité : elle rejetait sa mère comme modèle d'identification et se sentait attirée par un père séducteur.

### INITIATION SEXUELLE PERVERSE ET CONVERSION HYSTÉRIQUE

Pendant trois mois, Christine s'est laissée séduire passivement par ses parents d'accueil en Ecosse et a accepté de jouer le rôle d'une entraîneuse dans leur établissement. Elle a pu le supporter tant qu'elle s'est sentie protégée et encouragée à cela par sa mère d'accueil. Elle devient ainsi, entre les mains de son père d'accueil et des clients de celui-ci, une femme-objet, un sex-symbol. Dans le jeu de séduction pervers qu'on lui fait jouer, Christine doit montrer son envie du pénis, adorer cet organe, sans avoir le droit d'en jouir. Elle met passivement son corps à la disposition de son hôte et de ses clients. Elle est à la fois leur terrain de jeu et leur jouet phallique. C'est ainsi que beaucoup de jeunes filles font l'apprentissage du métier de prostituée. Christine a certainement tiré un plaisir narcissique passif, en jouant à ce jeu sans s'y impliquer, au prix d'un refoulement de ses désirs sexuels. Le jeu devient réalité lorsqu'elle se retrouve seule dans le lit conjugal, elle n'est plus protégée contre le surgissement de son propre désir sexuel par le regard approbateur de sa mère d'accueil. Ce désir, longtemps excité, ne peut plus être réprimé et déborde ses défenses. Pourtant, Christine ne cherche pas à le satisfaire et n'a pas d'orgasme, comme Claudine. Malgré l'absence physique de la mère, l'interdit œdipien fait obstacle à sa jouissance. À cet instant, elle ne peut oublier et trahir son hôtesse qu'elle aime comme une mère et dont elle a pitié. Son désir se transforme alors en dégoût et en inhibition. Christine n'éprouve plus aucun désir, pas même celui de manger et de vivre. Elle se déprime, se reprochant d'avoir failli céder à son désir et se sent malheureuse en s'identifiant à sa mère d'accueil et à sa propre mère. Les différents symptômes qu'elle présente : arrêt des règles, perte de l'appétit, amaigrissement, perte du goût de vivre sont des symptômes de conversion hystérique, ils sont la conséquence du traumatisme psychique causé par le brusque surgissement d'un désir sexuel œdipien aussitôt refoulé. Au moment où Christine se retrouve seule dans les bras de son hôte, deux destins s'offrent à elle :

— Elle transgresse l'interdit œdipien et devient vraiment, comme Claudine, une fille perverse.
— Elle régresse et se réfugie dans la névrose.

C'est dans cette deuxième direction que s'est orienté son destin, sa structure hystérique latente, héritée de sa mère, l'y prédisposait.

## LA GUÉRISON DE CHRISTINE PAR LA RÉSOLUTION DE SON COMPLEXE D'ŒDIPE

Christine ne s'est pas engagée avec moi dans une relation psychothérapique. Si cela avait été le cas, elle aurait cherché à supplanter sa mère auprès de moi et cela aurait encore aggravé la situation familiale. Christine m'a consulté lorsqu'elle a compris, par sa mère, qu'elle pouvait me faire confiance et que je ne serais pas un père séducteur qui abuserait d'elle. Christine a rencontré en moi un père auquel elle a pu se confier, sans que pour autant il délaisse sa mère à son profit, la psychothérapie avec la mère s'est poursuivie, en effet, sans perturbation pendant et après les visites de Christine. Au cours de ses entretiens avec moi, Christine a pris conscience de son attachement œdipien à son père et aux substituts de celui-ci, elle l'a compris en s'identifiant à sa correspondante qui avait couché avec son père. Elle a ainsi réalisé qu'une jeune fille peut avoir des relations sexuelles avec un homme plus âgé qu'elle sans commettre un inceste, à condition que cet homme ne se prenne pas pour son père et qu'elle ne se situe pas comme sa fille. Christine a réagi en se détachant définitivement de son père et en exprimant beaucoup d'hostilité à son égard. Elle s'est rapprochée de sa mère, lorsqu'elle s'est rendu compte que, pour moi, sa mère était une femme digne d'intérêt, à laquelle elle pouvait s'identifier sans déchoir. Sa névrose œdipienne s'est ainsi résolue, son désir de vivre et d'aimer a pu alors se manifester à nouveau, mais orienté autrement et ses symptômes, n'ayant plus de raison d'être, ont disparu.

CAS N°3

# Séduction d'un adolescent par son professeur

### *Exposé du cas*

*J'ai reçu pour la première fois Thomas, dix-huit ans, il y a quelques années. Le rendez-vous a été pris en urgence par Monique, son professeur de Français. A la salle d'attente, Thomas est assis entre son père et Monique, une femme de quarante ans qui le tient dans ses bras. Je l'ai aussitôt fait entrer dans mon cabinet, seul, sans rien savoir sur lui. Thomas est figé, l'air absent et bizarre, il ne répond pas à mes questions, il a tout à fait l'allure d'un schizophrène. Rompant un silence de dix minutes, il me demande tout d'un coup si je connais « The Wall », un enregistrement célèbre des Pinks Floyds. Je peux alors lui répondre que oui, que mes filles ont ce disque et que je l'ai souvent entendu. Il me dit qu'il écoute ce disque tout le temps et qu'il ne s'en lasse pas : « The Wall, c'est moi, je suis emmuré, je suis victime de mes parents, de la société, je deviens fou... » Je lui demande alors de me parler de lui et de sa famille. Il s'exprime aussitôt sans difficulté, la glace est rompue. Il me dit que son père est un artisan qui gagne mal sa vie : « C'est un partisan de Le Pen, je le méprise ». Il ne dit rien sur sa mère, me signale seulement qu'il a un frère et une sœur plus âgés que lui. Quand Thomas a obtenu en juin un brevet de technicien, son père n'a pas voulu qu'il poursuive ses études, mais Monique, son professeur, a fait des démarches pour qu'à la rentrée toute proche, il soit admis en terminale dans un lycée. Monique l'a beaucoup aidé dans ses études depuis deux ans, elle l'a initié aussi à la musique, à la littérature et à la politique, elle lui a fait connaître des gens intelligents de son âge et de son milieu. Il l'admire beaucoup et reconnaît qu'il est amoureux d'elle. « C'est un amour pur, dit-il, mais personne ne peut nous comprendre parce qu'elle a vingt ans de plus que moi. Mes parents ne savent pas que j'ai des relations sexuelles avec elle, mais la mère de Monique s'en est rendu compte et elle veut nous séparer. Elle veut faire un scandale, si je ne renonce pas à Monique. Sous l'influence de sa mère, Monique a changé, elle voudrait maintenant qu'on ne se voit plus. Elle me dit que je suis trop nerveux, que je devrais me soigner, c'est elle qui a voulu que je vienne vous voir. Moi, je pense que c'est elle qui est malade, elle se laisse trop influencer par sa mère. Depuis deux ans, elle voulait que je me libère de l'influence de mes parents, et maintenant c'est elle qui se laisse dominer par sa mère et qui tient compte des conventions sociales... »*

*Je demande à Thomas d'aller chercher son père à la salle d'attente. Le père me dit devant son fils qu'il ne se sent pas concerné, qu'il n'a pas demandé de consultation, qu'il ne compte pas me payer et que, pour cela, je m'adresse à Monique. Je lui demande cependant de me dire ce qu'il pense de la situation, comment il s'explique les troubles de Thomas. Le père ne veut pas me répondre. Je lui demande alors s'il a conscience des véritables relations de Thomas et Monique. Il est mal à l'aise et me dit qu'il ne veut rien savoir. Je lui dis alors que s'il ne paye pas la consultation, cela signifiera qu'il accepte que son fils soit entretenu par Monique. Aussitôt, il décide de me payer. Je propose alors un prochain rendez-vous à Thomas qui est d'accord, son père aussi. Monique, qui attendait toujours dans la salle d'attente, me demande de la recevoir, je refuse lui disant cependant que, si elle souhaite me parler, elle reprenne rendez-vous une autre fois par téléphone.*

*Je reçois Monique quelques jours plus tard. Elle est très inquiète, ayant l'impression que Thomas devient fou ; elle a peur de lui, elle ne peut plus le supporter, mais, plus elle le repousse, plus il s'accroche à elle. Elle se rend compte qu'elle a été trop loin, elle n'aurait pas dû avoir de relations sexuelles avec lui, elle se sent coupable de cela et craint surtout pour sa carrière, s'il fait un scandale dans son établissement. Elle envisage de demander sa mutation d'urgence pour se séparer de lui, elle ne sait pas si elle l'aime vraiment, elle hésite entre lui et un ami qui voudrait vivre à nouveau avec elle. Elle a suivi une psychothérapie antérieurement et se demande si elle ne devrait pas la reprendre. Je l'encourage à le faire, lui disant que, de mon côté, je ne souhaitais plus la revoir puisque j'allais suivre Thomas.*

*Thomas n'est pas là au rendez-vous prévu, mais son père est venu à sa place. Il me dit que, grâce à moi, il a tout compris, qu'il accepte tout, pourvu que Thomas guérisse. Il est persuadé que celui-ci ne peut pas vivre sans Monique, il a donc décidé d'aller la trouver avec son fils pour lui demander de recevoir à nouveau celui-ci. Par téléphone, j'apprends que l'entrevue s'est mal passée, que Monique et sa mère n'ont pas ouvert leur porte et ont appelé la police, le père est affolé parce que Thomas a décidé de se suicider devant la porte de son amie, si celle-ci ne lui ouvre pas. Je propose alors au père de dire à Thomas que je lui demande de renoncer à forcer la porte de Monique et de revenir me voir. Thomas accepte de lever le siège de son amie, mais décide de s'enfermer dans sa chambre et de faire la grève de la faim. Il m'écrit pour me l'annoncer et me demande un certificat médical, pour justifier son absence au lycée, c'était le jour de la rentrée scolaire. Je lui réponds par écrit qu'il fait bien de renoncer à poursuivre son amie et de s'enfermer pour réfléchir. Je lui accorde un congés de huit jours et je lui fixe un rendez-vous pour le lendemain de son entrée au lycée.*

*Quand Thomas reprend contact avec moi, il n'est plus le même, il est calme, détendu, il a envie de parler, il me raconte ce qui lui est arrivé et me fait part de ce qu'il a décidé. Il veut avoir son bac et espère que Monique acceptera de vivre avec lui quand il sera étudiant. Il lui a écrit dans ce sens. Il se sent assez fort pour supporter de vivre séparé d'elle. Il accepte maintenant de venir toutes les semaines en psychothérapie. Par la suite il n'y a plus aucun incident, le père et l'amie ne se sont plus manifestés. Thomas ne m'a pratiquement pas parlé de sa crise mais beaucoup de son adolescence. Il m'a dit en particulier qu'il avait été très amoureux de Marylin Monroe. Avant de rencontrer Monique, l'image de*

*Marylin était le support imaginaire obligé de ses masturbations. Cela l'humiliait et le culpabilisait beaucoup. Sa rencontre avec Monique l'a libéré du fantasme de Marylin ; elle a longtemps constitué pour lui un idéal de beauté, d'intelligence et de moralité. Les relations sexuelles ont tout brisé, il est devenu esclave d'elle sexuellement, comme il l'était de Marylin. Maintenant, il ne veut plus avoir de contacts physiques avec elle, sa grève de la faim, il la considère comme un jeûne purificateur qui l'a libéré de ses désirs sexuels impérieux. En classe, il s'intéresse beaucoup à la philosophie et particulièrement à la psychanalyse. Il me demande ainsi de lui prêter L'avenir d'une illusion de Freud pour faire une dissertation, il souhaiterait discuter avec moi comme avec un père ou un professeur, il voudrait que je lui donne mon avis sur les chanteurs qu'il aime mais il accepte sans faire de crise que je ne réponde pas à ses demandes. Au bout de quelques séances, Thomas se rend compte qu'il peut se débrouiller sans moi, il décide donc d'arrêter là sa psychothérapie. Je l'ai reçu au total dix fois. A la fin de l'année, j'ai appris par le journal que Thomas avait réussi son bac. Je ne l'ai jamais revu.*

## Analyse psychologique

L'histoire de Thomas et de son professeur évoque l'affaire Gabrielle Russier. C'était la même situation, quinze ans plus tôt, les parents du garçon avaient porté plainte et le professeur s'était suicidé. Monique avait certainement cette histoire en tête quand elle a pris peur et a voulu rompre brutalement avec son amant.

### LA PROBLÉMATIQUE ŒDIPIENNE DE MONIQUE

Malgré ses allures de femme libre, Monique est restée sous la coupe de sa mère et ne parvient pas à nouer une relation amoureuse stable avec un homme de son âge. En s'attachant à Thomas, elle cherche à reproduire inconsciemment la relation œdipienne qu'elle a avec sa mère en l'inversant. Avec lui, elle est à la fois la mère et la femme, elle fait de lui à la fois son fils et son amant. Elle passe d'une relation où elle est dominée par sa mère à une relation où elle domine Thomas. Mais dès que sa mère sait la vérité, Monique bat en retraite et prend peur. Avec Thomas, comme avec tous ses amants antérieurs, elle cède sur son désir. Elle prêche pour les autres la liberté sexuelle et le libre arbitre, mais elle-même n'en a pas le courage. N'ayant pas résolu son complexe d'Œdipe, elle peut se donner pendant quelque temps l'illusion de la liberté, mais elle ne peut que se tromper et tromper l'autre en jouant à ce jeu. Thomas ne l'a pas supporté.

### LA CRISE DE FOLIE DE THOMAS

Thomas se présente comme un psychotique et paraît coupé de la réalité. Son entourage est persuadé qu'il est devenu fou, Monique en particulier. A partir du moment où j'ai pu établir un contact avec lui en me situant au niveau de sa demande, Thomas a changé complètement d'attitude. Son emmurement, à l'exemple des Pinks Floyds, m'est alors apparu comme une identification hystérique au personnage du fou, son hystérie se dissimulant derrière le masque de la schizophrénie. Thomas est à la recherche de son identité. C'est parce qu'il trouve en moi un pôle d'identification paternel qu'il peut prendre conscience de sa névrose œdipienne et de la nature incestueuse de sa relation avec Monique et y renoncer.

## LA SÉDUCTION DE THOMAS PAR MONIQUE ET SES EFFETS PATHOGÈNES

Thomas a d'abord recherché en Monique un autre idéal, non pas un objet sexuel mais un modèle auquel il a cherché à s'identifier sur un mode narcissique. Thomas a mal supporté que son idole descende de son piédestal pour coucher avec lui. Il y a alors un malentendu entre eux, comme c'est souvent le cas en amour. Monique croit que Thomas est amoureux d'elle et qu'il la désire comme objet sexuel parce qu'elle le désire ainsi, alors que Thomas l'aime sur un mode narcissique et a besoin qu'elle reste à distance de lui, pour pouvoir faire d'elle son idéal du moi. Thomas devient fou lorsque Monique retombe sous l'influence de sa mère et veut se détacher de lui, alors qu'elle l'avait incité à s'éloigner de ses parents pour qu'il s'attache à elle. Thomas ne m'a pas suffisamment parlé de son enfance et de ses relations avec sa mère pour que je puisse reconstituer sa problématique œdipienne. Je peux dire cependant qu'il est surtout attaché à son père par un lien homosexuel et que sa mère ne compte guère pour lui, il recherche donc en Monique la mère qu'il n'a pas. La névrose œdipienne de Thomas est apparue lorsque Monique, sa mère imaginaire, l'a séduit et l'a incité à transgresser ce qui était pour lui le tabou de l'inceste. Comme Christine, Thomas est devenu hystérique en rencontrant une personne perverse qui se situe à la fois en tant que mère et en tant que femme par rapport à lui. Il faut cependant que Monique s'éloigne de lui pour que les symptômes apparaissent. Ayant perdu son idole, Thomas retrouve dans les Pinks Floyds un nouveau modèle d'identification, il les imite tellement bien que ses proches croient qu'il est vraiment devenu fou.

## LA PSYCHOTHÉRAPIE

Je me suis trouvé avec Thomas, comme avec Christine, devant un drame familial, il ne m'est pas possible d'établir d'emblée avec lui une relation psychothérapique. Il faut d'abord régler le problème du père et celui de Monique et faire comprendre à Thomas ce qu'il peut attendre de moi. J'ai donc adopté, dans un premier temps, une stratégie de thérapeute familial. J'ai cherché à calmer le jeu et à remettre chacun à sa place. J'ai montré à Thomas que je ne le considérais pas comme un fou et j'ai tenté de donner un sens à tout ce qu'il a fait en dehors des séances, ainsi pour le siège de son amie et sa grève de la faim. En signant le certificat qu'il me demande, j'établis avec lui un contrat de confiance qu'il respecte par la suite en reprenant sa psychothérapie. Dans les séances qui ont suivi, j'ai adopté avec lui une attitude analytique stricte, je ne suis pas tombé dans les pièges narcissiques qu'il me tendait, mais il ne s'est pas vraiment engagé dans une analyse de sa névrose de transfert et a fui dans la guérison et dans le réenfouissement de sa problématique œdipienne. La crise d'allure psychotique de Thomas a été surmontée au prix d'une régression narcissique et d'un refus de la sexualité, ses désirs sexuels se sublimant à nouveau en désir de savoir. Sa névrose œdipienne n'ayant pas été résolue, Thomas risque un jour ou l'autre de réapparaître avec de nouveaux symptômes et, cette fois peut-être, une véritable demande d'analyse.

## Les abus sexuels

### ABUS SEXUEL OU PERVERSION DE LA RELATION ÉDUCATIVE

On appelle maintenant abus sexuels les initiations sexuelles pathogènes comme celles de Claudine, Christine et Thomas. Je les étudierai à partir de ces trois cas, mais aussi à partir de nombreux autres cas non rapportés provenant de ma pratique, déjà longue, de psychanalyste et d'expert judiciaire. Le plus souvent, il n'y a pas de violence, pas de véritable agression sexuelle, l'adulte parvient à ses fins en usant de son influence morale et affective, en séduisant sa victime. Il prétend lui apprendre ainsi à faire l'amour. L'enfant se laisse faire, le plus souvent, croyant a priori que celui qui cherche à l'initier veut son bien. L'abus sexuel n'est pas un acte isolé, il se répète plusieurs fois ; il s'établit ainsi entre l'adulte et l'enfant une relation à la fois érotique et affective, apparemment satisfaisante pour les deux partenaires. Il y a pourtant abus, abus de confiance, de la part de l'adulte et la relation qui s'établit entre eux est perverse et pervertissante. L'adulte fait semblant d'aimer l'enfant en le caressant, en fait, il ne cherche qu'un plaisir masturbatoire auto-érotique, sans rien donner en échange. L'enfant se laisse séduire et fait ce que lui demande l'adulte, pour lui faire plaisir, parce qu'il croit qu'en retour l'adulte lui donnera l'affection qu'il attend de lui. L'abus sexuel est habituellement commis par des proches de l'enfant, souvent des parents, des pervers sexuels, qu'on appelle maintenant des pédophiles.

Pour la plupart des gens, le pédophile est un être malfaisant et vicieux ou un fou dangereux ; sa victime, un être innocent, auquel on ne reconnaît ni désir, ni demande. On refuse d'admettre l'existence d'un lien affectif entre un adulte et un enfant, lorsqu'on apprend qu'ils ont des liens sexuels entre eux, comme si l'un excluait l'autre. Tout acte sexuel entre un adulte et un enfant est considéré a priori comme une agression. Pourtant le succès du mot pédophile, qui signifie ami des enfants, n'est pas le fait du hasard. Le pédophile est effectivement un ami des enfants, reconnu comme tel par eux, mais qui abuse du lien affectif qu'il a su établir avec eux pour satisfaire ses pulsions sexuelles.

Le psychiatre analyste, en tant qu'expert, cherche à comprendre et à faire comprendre au jury des Assises ce qui a pu pousser « l'agresseur » et « la victime » l'un vers l'autre. Il le fait à partir de l'histoire de chacun. Il recherche en particulier les carences affectives et éducatives, les expériences malheureuses antérieures. Il tente de cerner la personnalité morbide ou non de l'adulte et de l'enfant et d'établir les circonstances des passages à l'acte. L'expert évalue le traumatisme psychique et sexuel subi par l'enfant, à partir des perturbations de son comportement et de son développement psychosexuel ultérieur. Il cherche aussi à comprendre pourquoi l'entourage familial ou éducatif n'a pas réagi. Enfin, il indique si l'adulte est pleinement responsable de ses actes ou peut bénéficier de circonstances atténuantes.

Pour le psychanalyste, l'abus sexuel est le symptôme d'un lien de séduction entre l'enfant et l'adulte. Au cours de la psychothérapie de l'enfant ou de l'adulte qui le consulte, l'analyste cherche à comprendre le pourquoi et le comment de cette séduction, à évaluer les effets pathogènes produits et les moyens de les corriger. Jusqu'à maintenant, seuls les enfants victimes d'abus sexuels consultaient. Les agresseurs, sous la contrainte de la loi Toubon, vont devoir, eux aussi, être suivis en psychothérapie à leur sortie de prison. Si cette expérience s'engage, elle permettra, peut-être, de mieux comprendre comment on devient pédophile et comment on peut ne plus l'être.

## DEUX FORMES CLINIQUES D'ABUS SEXUELS

A partir des trois cas rapportés, on peut distinguer deux formes principales d'abus sexuels : les relations incestueuses père-fille comme celle qui s'est établie entre Christian et Claudine et les relations œdipiennes comme celles qui se sont établies entre Christine et son séducteur écossais et entre Thomas et Monique.

### *1- Les relations sexuelles incestueuses père-fille*

On considère habituellement l'inceste comme un acte contre nature et contraire à la morale. Lorsqu'un inceste est commis, on croit qu'il s'agit d'un acte unique, commis par un homme violent et ayant perdu son contrôle sous l'effet de l'alcool ou de la drogue et que cet homme a forcé et terrorisé une victime sans défense. Cette opinion générale correspond à une croyance ou à un postulat anthropologique qu'on peut énoncer ainsi : l'interdit de l'inceste est une barrière sacrée, donc infranchissable, dans toute société humaine ou même animale. En réalité, quand on pratique des expertises dans des affaires incestueuses, on constate que le tabou de l'inceste n'existe ni pour le père, ni pour la fille, les relations s'établissent le plus souvent entre eux sans violence ni angoisse et correspondent à l'existence d'un véritable lien amoureux père-fille. Cette relation incestueuse, à la fois affective et érotique, a débuté très tôt, entre trois et six ans, par une séduction précoce de la fillette et s'est développée au cours de jeux sexuels masturbatoires pendant toute son enfance. Elle aboutit logiquement à un coït lorsque la fille en éprouve le désir et le décide. Comme Christian, la plupart des pères incestueux sont des êtres faibles et passifs qui laissent à leur fille l'initiative des ébats amoureux et respectent leurs refus. Au moment de l'acte incestueux, aucune retenue, ni aucune résistance ne se manifeste, mais, au contraire, de part et d'autre, un désir sexuel fort et une volonté de parvenir ensemble à une jouissance orgasmique. Par la suite, le père et la fille n'éprouvent ni honte, ni culpabilité et poursuivent, le plus souvent, leur liaison incestueuse pendant plusieurs années, sans qu'il y ait, comme pour Claudine, désir culpabilisé d'avoir un enfant du père.

Du fait de leur absence d'inhibition sexuelle et de leur envie du pénis, ces filles séduisent facilement les hommes de la famille : frères, oncles, grands-pères, mais aussi ceux qu'elles rencontrent hors du cercle familial. Elles suscitent ainsi la jalousie du père, mais celui-ci ne peut réagir, elles exercent sur lui un chantage, menaçant de le dénoncer s'il ne leur accorde pas une totale liberté sexuelle. Ces filles ne s'investissent ni à l'école, ni dans une activité professionnelle, elles multiplient les aventures sexuelles, fuguent souvent, sans pouvoir se fixer, jusqu'à ce qu'elles rencontrent un homme fort, un protecteur ou un proxénète qu'elles aiment comme un père et qui les fixent dans un statut narcissique de fille phallique ou de femme-enfant.

Le psychiatre analyste peut être consulté et une demande d'analyse est parfois formulée par ces filles, à la suite d'une dépression ou d'une tentative de suicide.

*2 - Les relations sexuelles œdipiennes*

Ces relations s'établissent entre un adolescent ou une adolescente et un adulte qui a autorité sur lui ou sur elle et qui en abuse pour les séduire. Cette initiation sexuelle est favorisée par une structure psychique inconsciente de type œdipien, aussi bien chez l'adulte que chez le jeune. Ils sont restés fixés, l'un et l'autre, à la troisième phase de leur complexe d'Œdipe, au cours de laquelle l'enfant s'identifie à l'un de ses parents pour séduire l'autre. Si celui-ci favorise cette séduction, sans pourtant y répondre, le complexe n'est pas résolu et se réactive à l'adolescence et au milieu de la vie adulte. Le plus souvent les éducateurs qui ont pris le relais des parents s'interdisent toute transgression et incitent le jeune adolescent à se détacher d'eux et à rechercher ailleurs la satisfaction de ses désirs. Mais, si l'adulte n'a pas résolu lui-même son complexe d'Œdipe, s'il s'est fixé dans la position du parent séducteur fasciné par son enfant, il est tenté de passer à l'acte et de satisfaire ainsi son désir sexuel œdipien. L'initiation sexuelle des jeunes adolescents est habituellement hétérosexuelle, c'est le cas de Christine et de Thomas, elle peut être aussi homosexuelle, c'est le cas de Luc exposé plus loin. Lorsqu'il s'agit d'une initiation homosexuelle, le complexe d'Œdipe de l'adulte et de l'adolescent s'est organisé, au cours de la première enfance, sur ce mode inversé.

Les relations sexuelles œdipiennes provoquent un traumatisme psychique en mettant en acte un fantasme inconscient longtemps refoulé. L'adolescent réagit le plus souvent, comme Christine et Thomas, sur un mode hystérique, en présentant des troubles du comportement. Le psychanalyste est souvent sollicité et une psychothérapie est mise en œuvre ; elle permet à l'adolescent de comprendre ce qui lui est arrivé et de résoudre définitivement son complexe d'Œdipe. L'analyste, au moment du transfert, ne se laisse pas prendre au jeu de séduction de son jeune client et n'abuse pas de la confiance, ni du pouvoir que celui-ci lui accorde. L'adolescent peut alors renoncer à sa position de séducteur tout-puissant et chercher à satisfaire ses désirs sexuels ailleurs et autrement.

## GÉNÉALOGIE DES PERVERSIONS SEXUELLES

L'histoire de Christian et de Claudine permet de comprendre comment une mère abusive peut faire de son fils un père incestueux et comment celui-ci peut faire de sa fille une femme qui abusera des hommes.

La mère de Christian fait partie de ces femmes qu'on dit être plus mères qu'épouses. En fait, ce sont des mères abusives. Dès qu'elles le peuvent, elles font de l'un de leurs enfants l'objet exclusif de leur désir sexuel et de leur amour. Les maris, rejetés tant sur le plan sexuel que sur le plan affectif, se consolent dans l'alcool ou cherchent leur bonheur ailleurs. Elles s'attachent à leur enfant sur un mode fusionnel, narcissique et érotique, sans que rien, ni personne ne puissent les détacher d'elles.

C'est un lien passionnel, à la fois affectif et érotique, qui est de nature incestueuse, malgré l'absence habituelle d'accouplement. Ce qui est particulièrement pervertissant pour l'enfant, c'est que ces mères ne reconnaissent aucune limitation à leur pouvoir et disqualifient celui que pourrait exercer le père ou un éducateur. Elles se permettent tout avec lui et lui peut se permettre tout avec elle, mais aussi avec ses frères et sœurs. Christian, quand il se marie, est encore sous la dépendance de sa mère. Il ne s'attache pas vraiment à son épouse, ni sexuellement, ni affectivement. Elle est exclue par lui, comme son père par sa mère. Quand Claudine a grandi, il l'a aimée et désirée sexuellement, comme sa mère l'avait fait avec lui.

Claudine et la plupart des filles qui ont entretenu des relations incestueuses avec leur père deviennent, dès la puberté, des filles séductrices, cherchant à tirer profit de leur pouvoir sur les hommes et méprisant leur mère ainsi que toutes les femmes qui ont moins de succès qu'elles. Elles refusent toute frustration, tout effort pour gagner leur vie. Si elles sont enceintes, elles avortent ou rejettent l'enfant peu après la naissance. J'en ai connu plusieurs qui étaient mères maltraitantes et mères d'enfants psychotiques. Elles ne supportent pas d'être détrônées de leur position de femme-enfant. Le statut d'épouse et de mère ne peut les satisfaire. Elles restent attachées toute leur vie à leur père et souvent à la mère de celui-ci, comme Claudine.

Dans ces familles incestueuses, le lien vertical transgénérationnel est surinvesti sur trois générations, le lien horizontal, conjugal ou fraternel, est totalement désinvesti. Les positions de mère, de fils, de fille sont fixes, on est mère, fils ou fille pour la vie, il n'y a pas de succession des générations, pas de triangulation œdipienne non plus.

# 2 - DÉBUTS DIFFICILES DE LA VIE CONJUGALE

# CAS N° 4

# Le mariage, une décision difficile à prendre

### *Exposé du cas*

*Avant la pilule contraceptive et le vote de la loi Veil sur l'avortement, j'ai reçu en urgence Gisèle qui se trouvait dans une situation critique et qui me demandait de l'aider à s'en sortir au plus vite.*

## UNE SITUATION CRITIQUE

*Gisèle est étudiante, âgée de vingt ans. Fiancée depuis trois ans, elle doit se marier dans dix jours. Elle est issue d'une famille catholique traditionnelle. Son fiancé, âgé de trente ans, est ingénieur, il vit avec sa mère qui est veuve. D'après Gisèle, il ne manifeste pas de désirs sexuels et ne s'intéresse guère à elle, mais il est gentil et généreux, il plaît beaucoup à sa famille, à son père en particulier. Il n'y a jamais eu de contacts sexuels entre eux. Gisèle va l'épouser sans l'aimer vraiment et sans avoir l'impression d'être aimée par lui. Elle s'est décidée à le faire quand elle a su que son père était atteint d'un cancer et allait mourir prochainement. Pourtant, Gisèle est tombée amoureuse, depuis quelques semaines, d'un camarade de faculté avec lequel elle a eu aussitôt des relations sexuelles. Elle a alors pensé qu'elle devait rompre avec son fiancé. Quant elle a voulu le faire, celui-ci a réagi bizarrement, il lui a dit que ce n'était pas grave et que cela ne l'empêcherait pas de l'épouser. Quelques jours avant de me rencontrer, Gisèle a appris par son médecin qu'elle était enceinte. Elle l'a aussitôt annoncé à son amant, Georges, et à son fiancé. Ce dernier a persisté, malgré cela, dans son désir de l'épouser et lui a dit qu'il reconnaîtrait l'enfant à naître. Georges, de son côté, veut qu'elle dise la vérité à ses parents et qu'elle refuse de continuer à jouer la comédie du mariage avec quelqu'un qu'elle ne peut que mépriser. Il est prêt à prendre ses responsabilités, à aller trouver le père pour lui demander la main de sa fille. Gisèle ne sait que faire, elle pense toujours qu'elle doit épouser son fiancé, comme cela a été prévu, pour que son père puisse mourir en la croyant heureuse, mais auparavant, il faut qu'elle se fasse avorter, qu'elle trouve pour cela de l'argent et une adresse, qu'elle revienne en forme et le ventre vide pour épouser, en temps voulu, son fiancé, tout cela à l'insu de sa famille et de son entourage. Elle espère que je vais l'aider à réaliser ce plan et lui recommander un confrère qui acceptera, malgré l'interdit de la loi, de pratiquer l'avortement...*

## MON INTERVENTION

*Je ne réponds pas aux demandes pressantes de Gisèle, je prends le temps de l'interroger sur sa vie familiale. Elle me dit qu'elle aime beaucoup ses parents, qu'elle a toujours été heureuse auprès d'eux. Elle n'a qu'une sœur aînée qu'elle admire. Or, celle-ci s'est mariée, il y a quelques années, en étant enceinte d'un autre que son fiancé. Malheureuse avec lui, elle a demandé le divorce peu de temps après la naissance, elle est revenue vivre avec le bébé chez ses parents. A la fin de l'entretien, je fais remarquer à Gisèle qu'elle répète, à son insu, le destin malheureux de sa sœur et qu'il est urgent de mettre un terme à cette répétition. J'ajoute que sa grossesse impromptue a une signification inconsciente dont elle doit tenir compte, avant de prendre une décision qui engagera son avenir. Je lui conseille, enfin, d'entrer le lendemain dans une maison de repos pour mûrir sa décision.*

### UN DÉNOUEMENT HEUREUX

*Le lendemain soir, j'ai reçu un coup de téléphone de Georges, il me dit que Gisèle va partir en maison de repos comme je lui ai conseillé. Lui, de son côté, a eu un entretien avec les parents. Ceux-ci s'étaient rendu compte que leur fille était angoissée à l'approche de son mariage et que son fiancé n'était guère amoureux d'elle. Les parents sont soulagés d'apprendre la vérité ; ils décident aussitôt d'annuler la cérémonie de mariage après un entretien téléphonique avec Gisèle. Georges me remercie de mon intervention qui a si rapidement clarifié la situation. Il me dit aussi que Gisèle est toujours décidée à se faire avorter. A sa sortie de la maison de repos, un mois plus tard, Gisèle me consulte à nouveau. Elle a avorté spontanément, quelques jours après m'avoir rencontré. Elle comprend rétrospectivement que l'annulation de son mariage et son avortement sont des échecs salutaires, elle va maintenant vivre en tenant compte d'abord de ses désirs et de ses sentiments, elle n'a plus peur dorénavant d'exprimer ce qu'elle veut. Gisèle compte épouser Georges, mais pas dans l'immédiat. Son père va mieux pour l'instant et elle l'admire d'avoir si bien supporté l'épreuve qu'elle voulait lui épargner.*

### ÉPILOGUE

*Un an plus tard, j'ai reçu un coup de téléphone de Georges, il me dit qu'il a épousé Gisèle et qu'il souhaite me rencontrer avec elle. Je n'ai jamais su pourquoi, ils ne sont pas venus au rendez-vous, sans s'excuser, et ne m'ont jamais plus consulté.*

## Analyse psychologique

### ANALYSE DE LA CONDUITE DE GISÈLE

Gisèle sait qu'elle n'aime pas son fiancé et que celui-ci ne l'aime pas et, pourtant, elle va l'épouser, pour faire plaisir à son père. Cela parait invraisemblable en 1997. Aujourd'hui, les jeunes filles ne se fiancent plus trois ans avant le mariage avec des hommes ayant dix ans de plus qu'elles et n'attendent plus la nuit de noce pour avoir des relations sexuelles. La conception bourgeoise du mariage est passée de mode. Les étudiants et les étudiantes, comme Alex et Annie (cas n° 5), vivent maintenant ensemble dès qu'ils tombent amoureux l'un de l'autre. Pourtant, un certain nombre de contestataires de l'ordre ancien, qui vivent aujourd'hui en concubinage, se conduisent comme Gisèle et son fiancé, ils cohabitent sans s'aimer, sans avoir de relations sexuelles, uniquement par intérêt. Il n'y a pas de lien affectif entre eux parce qu'ils sont restés attachés, comme Gisèle et son fiancé, à leur famille d'origine. L'immaturité affective est de tous les temps, seules les formes varient... Si Gisèle veut se marier pour faire plaisir à son père, et accepte ainsi de renoncer au bonheur conjugal, c'est que, pour elle, l'amour de son père compte beaucoup plus que l'amour du fiancé. Si elle se retrouve enceinte, cela signifie certainement qu'elle veut donner un enfant à son père, un enfant œdipien, avant qu'il ne meure. Qu'elle ait été fécondée par son fiancé ou par quelqu'un d'autre est finalement secondaire pour elle. En agissant ainsi, Gisèle s'identifie à sa sœur et reproduit sa conduite. Celle-ci s'est mariée pour légitimer l'enfant qu'elle a eu d'un géniteur anonyme, mais elle a rapidement quitté son mari pour revenir chez ses parents avec son enfant et se fixer dans un statut de fille-mère. On peut dire que ses liens affectifs sont alors exclusivement des liens de filiation, elle reste fille de ses parents tout en étant mère d'un enfant qui sera aussi celui de sa mère et de son père, il n'y a pas de place en elle pour un conjoint. Gisèle a failli reproduire ce modèle.

## ANALYSE DE LA CONDUITE DU FIANCÉ

Cet homme de trente ans forme un couple œdipien avec sa mère. D'après ses réactions, on peut penser que le mariage ne représente pas grand chose pour lui, c'est une concession à l'ordre établi, une façade de respectabilité derrière laquelle il pourra maintenir son lien privilégié à sa mère et dissimuler une impuissance sexuelle ou une homosexualité probable. A la différence de Gisèle, il agit par calcul, sans exprimer aucun sentiment. Que sa fiancée soit amoureuse d'un autre, et même qu'elle soit enceinte ne l'affecte pas, il y trouve même probablement des avantages : il sera ainsi dispensé d'avoir des relations sexuelles avec elle pour devenir père... Face à cet homme inaffectif, Gisèle se comporte comme une hystérique, croyant ainsi le faire sortir de son indifférence et l'obliger à prendre l'initiative de la rupture. Elle n'y parvient pas parce qu'elle se heurte à un mur. Si elle est névrosée, lui est pervers. Il n'y a vraiment aucune place dans son cœur pour Gisèle ou pour un enfant, il est totalement occupé par sa mère. Ni elle, ni lui, n'ont envie que ça change.

## ANALYSE DE LA CONDUITE DE GEORGES

Lui n'est ni névrosé, ni pervers. Sa conduite est cohérente, sans détour et sans nuance. Il se laisse guider par l'amour et rien ni personne ne saurait lui résister. C'est un homme libre et fier de l'être qui agit d'abord et réfléchit ensuite, ses liens œdipiens avec sa famille d'origine sont certainement rompus depuis longtemps. Lorsqu'il tombe amoureux de Gisèle, il lui prouve aussitôt son amour en ayant des relations sexuelles avec elle ; dès qu'elle est enceinte de lui, il est prêt à l'épouser et à faire ce qu'il faut pour cela. On peut supposer qu'il a voulu avoir des relations sexuelles avec elle et la mettre enceinte délibérément pour l'empêcher d'épouser son fiancé et pour prendre aussitôt la place de celui-ci auprès d'elle. Le scandale de l'annulation du mariage et l'affrontement du père malade ne le font pas reculer. Georges ne parvient pourtant pas à convaincre Gisèle du bien fondé de son analyse de la situation, il faudra qu'elle me consulte avant de se rallier à sa position.

## MON ENTRETIEN AVEC GISÈLE

Pendant que j'écoute Gisèle, j'essaye de comprendre ce qu'elle veut vraiment. La demande urgente d'avortement qu'elle formule m'apparaît rapidement comme une demande névrotique. Elle me semble être la résultante d'un conflit inconscient entre son désir amoureux et son désir œdipien. Les relations sexuelles et la grossesse expriment son désir amoureux, mais sa volonté d'avorter et de maintenir le mariage à tout prix manifestent un attachement encore plus fort à son père et à une conception bien-pensante de la vie. Gisèle veut sauver les apparences, elle fait semblant d'aimer son fiancé et d'être heureuse, pour que tout le monde soit content et fier d'elle le jour de son mariage. Elle est prête à tout pour cela et même à transgresser l'interdit légal et religieux de l'avortement. La suite, elle ne veut pas y penser. Pourtant, cette suite, elle l'a tous les jours devant elle, c'est le destin malheureux de sa sœur. Quand je lui ai dit, à la fin de l'entretien, qu'elle répétait, sans s'en rendre compte, la conduite de sa sœur, j'ai touché juste ; je lui ai permis, à cet instant, de comprendre ce qui l'attendait et ce qu'elle devait faire pour sortir de son impasse existentielle. Gisèle est certainement hystérique, mais pas masochiste. Elle n'a pas envie de déplaire à son père, mais elle a encore moins envie d'être malheureuse comme sa sœur. Seul, Georges peut encore lui éviter d'en arriver là. Quand j'ai ajouté qu'elle n'était sûrement pas enceinte par hasard, j'ai valorisé son désir inconscient par rapport à ses défenses névrotiques, je l'ai ainsi incitée à ne plus céder sur son désir, à suivre l'exemple de Georges et plus celui de sa sœur. En lui proposant d'entrer en maison de repos, j'ai voulu qu'elle puisse décider seule de son avenir, hors de l'influence de sa famille et de son amant. L'avortement, si elle le décidait, pouvait encore attendre, mais il était urgent qu'elle se donne le temps de réfléchir et de choisir l'homme de sa vie. Le reste suivrait.

## LE DÉNOUEMENT HEUREUX

Si mon interprétation a été efficace, c'est probablement parce qu'elle était juste, mais surtout parce qu'elle est arrivée au bon moment. La crise était au paroxysme, il fallait trancher dans le vif et permettre à la vérité de se manifester. Quand Gisèle a compris qu'elle devait renoncer aux faux semblants et agir en fonction de son désir, elle a laissé Georges faire ce qu'il fallait et le drame s'est dénoué facilement, à la satisfaction de tous et même probablement du fiancé. L'avortement dit spontané, pas plus que la grossesse, n'a été un pur effet du hasard. Quand Gisèle a compris ce que signifiait sa grossesse, elle a dû éprouver un très fort désir d'avorter et celui-ci s'est réalisé par un mécanisme de conversion psychosomatique qu'on constate souvent, sans pouvoir l'expliquer.

En résolvant sa crise existentielle, Gisèle a aussi résolu son complexe d'Œdipe. En quelques jours, elle est passée du statut de femme enfant à celui de femme adulte. Confrontée à la réalité et à son désir, elle a d'abord fui, puis elle a fait face et a assumé ses responsabilités. Pour cela, elle a dû renoncer à son image de jeune fille parfaite, de fille préférée de son père et elle a accepté, à l'avance, qu'il puisse mourir sans qu'elle soit responsable de sa mort. Gisèle, en changeant de statut, a aussi changé de conception de la vie. Elle est passée d'une morale conformiste du devoir, héritée de son milieu, à une éthique de la vérité et du bien.

## ÉPILOGUE

Un an plus tard, Georges et Gisèle sont mariés et me demandent un rendez-vous. J'ai supposé que Gisèle était à nouveau enceinte et qu'elle craignait d'avorter ou alors que son père venait de mourir. Quand j'ai constaté qu'ils étaient absents au rendez-vous, j'ai pensé qu'ils voulaient ainsi, par cet acte manqué, me signifier que maintenant, quels que soient leurs problèmes, ils pouvaient se passer de moi.

## CAS N°5

# Les désillusions du début de la vie en couple

### *Exposé du cas*

*Annie a vingt ans quand elle me consulte, elle redouble sa première année de biologie. Annie se sent déprimée et découragée parce qu'elle n'arrive pas à être heureuse ni à rendre heureux Alex, l'ami avec lequel elle vit depuis la rentrée universitaire. Ils passent leur temps à se chamailler pour des riens. Elle craint qu'il se lasse d'elle et l'abandonne. Annie n'a plus envie de poursuivre ses études et n'a plus de désirs, elle a perdu l'appétit et le sommeil. Annie me demande une psychothérapie sur le conseil de sa mère psychologue.*

*Les parents d'Annie ont divorcé alors qu'elle avait douze ans. Sa mère vit seule dans le Sud-Est, son père, remarié, vit dans l'Est, il exerce une profession libérale. Son frère cadet est en pension dans un collège privé. Annie s'entend mal avec sa mère, c'est pour cela qu'elle a décidé de la quitter en choisissant de faire des études loin d'elle, là où elle avait vécu avant la séparation de ses parents. Son père lui a acheté l'appartement qu'elle occupe.*

*Annie rencontre Alex sur les bancs de la Faculté. C'est le coup de foudre entre eux, c'est aussi, pour l'un et l'autre, la première expérience amoureuse. Alex est brillant et ambitieux, issu d'un milieu modeste, ses parents sont en admiration devant lui et le prennent pour un génie. Il n'a jamais quitté son milieu familial bien structuré et surprotecteur. Annie se sent tellement amoureuse qu'elle n'arrive plus à travailler, alors qu'Alex, tout aussi amoureux qu'elle, travaille encore mieux qu'avant leur rencontre. Annie voudrait qu'ils vivent aussitôt ensemble et renoncent à leurs relations amicales et familiales antérieures. Les parents d'Alex ne sont pas d'accord. Alex et Annie ont préparé ensemble leur examen, Annie a échoué à la première et à la deuxième session, Alex a réussi brillamment à la première. Malgré l'opposition des parents d'Alex, ils décident de vivre ensemble à la rentrée d'octobre. Depuis, rien ne va plus entre eux. Ils se disputent à propos de tout. Annie ne supporte pas qu'Alex reste attaché à ses parents, elle a l'impression que ceux-ci cherchent à le détacher d'elle. Elle supporte mal qu'il fasse du sport et travaille avec des camarades en dehors d'elle. Annie se replie sur elle-même et n'a plus de relation avec sa famille depuis qu'elle est amoureuse. Elle voudrait qu'Alex lui apporte l'affection et la tendresse dont elle a été privée au cours de son adolescence. Or, lui n'est affectueux et tendre que lorsqu'il la désire sexuellement. Elle ne comprend pas qu'il veuille avoir des rapports sexuels alors qu'ils viennent de se disputer, mais elle n'ose refuser de crainte qu'il ne l'abandonne. Annie ne comprend pas pourquoi son rêve de grand amour est si difficile à réaliser. Elle craint de répéter le destin conjugal malheureux de sa mère. Annie vit dans la hantise de l'abandon, elle pense qu'elle se laissera mourir si son ami la quitte.*

*Annie a pu analyser en quelques mois ce qui l'empêchait d'être heureuse avec son ami et ce qui la poussait à l'échec, aussi bien dans sa vie amoureuse que dans sa vie universitaire...*

*Quelques années plus tard, j'ai su qu'Annie et Alex s'étaient mariés, qu'ils étaient heureux ensemble, qu'ils avaient deux enfants et qu'ils étaient professeurs dans la même ville. Je l'ai appris par Alex qui est venu, à son tour, me demander une psychothérapie, parce qu'il avait des difficultés relationnelles avec ses élèves et ses enfants.*

## Analyse psychologique

L'analyse psychologique de la relation d'Annie et d'Alex, au début de leur vie en couple, je la fais à partir de ce que m'en a dit Annie. On m'objectera aussitôt qu'il n'est pas possible de faire l'analyse d'une telle relation conflictuelle en ne tenant compte que d'un son de cloche, en adoptant le point de vue d'un seul conjoint, donc que mon analyse ne peut être que partiale. Ce serait vrai si je n'avais été, pour Annie, qu'un observateur passif, se contentant de recueillir sa plainte. Cela n'a pas été le cas. Au cours de la psychothérapie, mon rôle a été d'inciter Annie à critiquer sa version des faits et à la confronter à celle d'Alex. Si, à la suite de sa psychothérapie, Annie s'est réconciliée avec lui, c'est qu'elle a pu comprendre, avec mon aide, le point de vue d'Alex et adopter un double point de vue dans l'analyse de leurs difficultés conjugales communes. Après chaque séance de psychothérapie, Annie discutait avec Alex de ce qu'elle avait compris et lui s'intéressait beaucoup à ce qu'elle rapportait, il lui faisait part de ses objections qu'elle analysait avec moi à la séance suivante. Lorsqu'Alex m'a demandé à son tour une psychothérapie, il a validé le travail psychothérapique que j'avais accompli avec son épouse, il m'a aussi permis de vérifier sur lui, directement, la validité de l'analyse de sa problèmatique psychopathologique faite antérieurement par l'intermédiaire d'Annie.

### LA POSITION PSYCHOLOGIQUE D'ANNIE ET D'ALEX AVANT LEUR RENCONTRE

Annie est malheureuse depuis son enfance, elle a souffert des disputes entre ses parents et a mal supporté leur séparation. Elle a de mauvaises relations avec sa mère, mais aussi avec son père et son frère, elle n'a pas d'amie. Annie se sent seule et abandonnée quand elle arrive dans une ville où elle ne connaît plus personne. Ses études ne l'intéressent pas parce qu'elle est trop préoccupée par ses problèmes affectifs. Elle se déprime, mais garde cependant un espoir, celui de rencontrer l'homme qui l'aimera et la rendra enfin heureuse, son Prince Charmant. Sa conception de l'amour est sentimentale, idéaliste, les rapports sexuels sont conçus par elle comme un passage obligatoire mais peu plaisant pour pouvoir être aimée.

Alex, de son côté, est heureux et satisfait de son sort. Il a toujours vécu à l'abri du cocon familial. Sécurisé et valorisé par ses parents, il s'imagine être le plus intelligent, le plus beau et le meilleur.

Il ne s'est jamais opposé à ses parents, et reste totalement dépendant d'eux, matériellement et affectivement, il se trouve bien ainsi. Ses parents n'ont qu'une exigence à son égard : qu'il réussisse bien dans ses études et qu'il ait un statut socio-professionnel meilleur qu'eux. Pour qu'il atteigne cet objectif, il ne faut pas qu'il tombe amoureux et s'attache à une fille avant la fin de ses études. Alex, en devenant étudiant, est persuadé qu'il peut, sans désobéir à ses parents, faire rapidement la connaissance d'une fille et avoir des relations sexuelles avec elle sans que ses études en soient affectées. Il a envie d'exercer son pouvoir de séduction et surtout de se valoriser ainsi auprès de ses camarades d'études. Alex est un être narcissique et égocentrique, il se sent heureux et n'a qu'une crainte : que cela se termine un jour. Aimer lui fait peur, ce serait perdre l'affection et la protection de ses parents et se retrouver seul responsable de son existence.

## LE COUP DE FOUDRE

En se rencontrant, Alex et Annie tombent amoureux l'un de l'autre. Comme je l'ai expliqué dans le chapitre sur la psychanalyse du lien amoureux, cela signifie qu'Alex et Annie ont cru reconnaître en l'autre la femme et l'homme de leurs rêves. En ayant des rapports sexuels, ils n'établissent pas une véritable relation d'amour entre eux, mais une relation passionnelle dans laquelle chacun prend l'autre pour ce qu'il n'est pas, chacun réduit l'autre à n'être que l'objet de son désir, objet érotique pour Alex, objet d'amour pour Annie. Tant qu'ils sont l'un contre l'autre, hors du temps et de l'espace, ils n'ont pas conscience de s'illusionner. Ils se sentent comblés et éprouvent ensemble un plaisir fusionnel et narcissique qui les valorisent l'un et l'autre. Ils peuvent ainsi oublier leurs soucis quotidiens et les frustrations ou les souffrances de leur vie antérieure. Ce bonheur parfait est pourtant fragile, comme les cristaux de sel sur leur branche évoqués par Stendhal, il ne résistera pas aux chocs de la vie quotidienne.

## LES DÉSILLUSIONS DU DÉBUT DE LA VIE EN COUPLE

Annie se rend compte, la première, qu'Alex ne correspond pas à l'être idéal qu'elle avait cru reconnaître en lui. Elle ne comprend pas qu'il puisse l'aimer et continuer à avoir des relations avec ses proches, à travailler, et à s'intéresser ses études. Annie a l'impression qu'Alex ne l'aime pas vraiment, s'il en est ainsi, et elle craint qu'il ne l'abandonne un jour. Elle est jalouse de tous ceux qui l'approchent et particulièrement de ses parents. Elle ne comprend pas qu'Alex tienne encore compte de l'avis de ceux-ci et ne se décide pas à venir aussitôt vivre avec elle, ni qu'il puisse avoir des relations sexuelles avec elle, alors qu'ils sont en total désaccord sur l'organisation de leur vie commune. Souffrant, mais n'osant pas exprimer sa souffrance, Annie se déprime et désinvestit ses études. Ses deux échecs universitaires aggravent encore la situation et le décalage entre eux. Quand Alex se décide enfin à venir vivre avec elle, Annie ne croit plus à un bonheur possible entre eux.

Pour Alex, l'amour d'Annie est un plus dans son existence qui n'implique aucun renoncement, son objectif prioritaire reste la réussite de ses études. L'amour d'Annie le flatte et le stimule, il se sent valorisé narcissiquement par elle comme il l'est par ses parents. Il l'aime et prouve son amour, en ayant de fréquentes relations sexuelles avec elle. Alex ne comprend pas qu'Annie soit toujours insatisfaite et malheureuse alors que lui se sent heureux. Il ne comprend pas non plus qu'elle lui demande de renoncer à sa famille et à ses amis pour ne s'attacher qu'à elle.

Annie et Alex sont en conflit parce qu'ils restent attachés à l'image qu'ils se sont faits l'un de l'autre au moment du coup de foudre. Ils supportent mal que l'autre se révèle tel qu'il est, en tant que sujet, avec sa personnalité et son histoire particulière. Annie réagit en se déprimant, en se dévalorisant, en jouant l'échec. Elle manifeste ainsi son complexe de castration. Alex réagit en adoptant une position de repli narcissique, en refusant inconsciemment de faire le pas en avant qu'Annie lui demande de faire. il manifeste ainsi son angoisse de castration.

## LA PSYCHOTHÉRAPIE D'ANNIE

Quand un conflit conjugal éclate, la femme consulte plus facilement que son conjoint. Celui-ci se sent humilié de ne pas pouvoir contrôler ses réactions et accepte mal de faire son autocritique, il a tendance à rejeter sur son épouse la responsabilité du conflit et trouve alors logique qu'elle cherche à se remettre seule en cause en entreprenant une psychothérapie. Cependant, beaucoup de maris, comme Alex, participent indirectement à la psychothérapie et acceptent ultérieurement de faire, eux aussi, une psychothérapie quand ils comprennent que c'est nécessaire.

Lorsqu'elle me consulte, Annie souffre de troubles névrotiques qui se sont déjà manifestés au cours de son adolescence et qui ont été réactivés par ses conflits avec Alex. Au moment du divorce de ses parents, elle s'est sentie abandonnée par son père, comme sa mère, et dévalorisée en tant que fille et en tant que femme. Elle n'a donc pas pu résoudre alors son complexe d'Œdipe et surmonter son complexe de castration. Elle demande à Alex de prendre la place de son père et cherche à s'affirmer en s'opposant à lui. Mais en le faisant, elle se rend compte qu'elle risque de le perdre comme sa mère avec son père, et elle se déprime et s'enferme dans une névrose d'échec, comme sa mère. Alex ne peut pas comprendre tout cela et cherche un appui et des conseils auprès de ses parents, ce qui exaspère encore plus Annie. Au cours de sa psychothérapie, Annie a compris pourquoi ses conflits avec Alex dégénéraient et les conduisaient au bord de la rupture, alors qu'ils ne portaient sur rien d'essentiel. Elle s'est aussi rendu compte qu'Alex l'aimait vraiment, même si ce n'était pas comme elle l'aurait voulu. Dans sa relation transférentielle avec moi, Annie a pu se situer comme fille et comme femme par rapport à un psychothérapeute père choisi par sa mère pour elle. Elle a ainsi résolu ses complexes et s'est dégagée de sa névrose d'échec. Une relation amoureuse intersubjective stable s'est établie par la suite entre Alex et elle, ce qui lui a permis de réussir ses études, de devenir professeur, comme Alex et de mettre au monde et d'élever deux enfants.

## LA PSYCHOTHÉRAPIE D'ALEX

Quand j'ai reçu Alex, il m'a confirmé que ses relations avec Annie étaient bonnes, qu'ils étaient heureux et qu'il n'y avait plus de crises graves entre eux, comme au début de leur vie conjugale. Mais lui ne supportait pas ses enfants ni ses élèves. Il se sentait en rivalité avec eux et réprimait mal son agressivité à leur égard. Avec son épouse, il avait établi une relation intersubjective, mais il n'y parvenait pas encore avec les enfants, la relation restait narcissique. Sa psychothérapie lui a permis assez rapidement de renoncer définitivement et complètement à sa place d'enfant-roi et de ne plus être jaloux de ceux qui cherchaient à lui ravir cette place.

## Le passage de la relation narcissique ou œdipienne à la relation intersubjective

Alex et Annie s'aiment passionnément, pourtant ils ne parviennent pas à vivre ensemble sans se rendre malheureux. L'un n'admet pas que l'autre soit différent de l'image idéale qu'il s'est fait de lui au moment du coup de foudre. Gisèle et son fiancé ont failli se marier en se donnant, et en donnant aux autres, l'illusion de s'aimer. En s'abritant derrière la façade d'un mariage de convenance, ils ont cru qu'ils pourraient poursuivre impunément leurs relations œdipiennes antérieures. Dans ces deux situations, chacun des partenaires a régressé et s'est fixé au stade de son développement psychosexuel qu'il n'a jamais pu dépasser. Pour qu'une véritable relation d'amour s'établisse, qui soit stable et durable, chacun doit se dégager de ses fixations narcissiques ou œdipiennes et chercher à entrer en contact avec l'autre en tant que sujet. Cela est possible lorsque l'amour de l'autre l'emporte sur l'amour de soi ou des siens. C'est ce qui s'est passé pour Alex et Annie, Gisèle et Georges, mais pas pour le fiancé de Gisèle.

Je suis très souvent consulté par de jeunes femmes, moins souvent par de jeunes hommes, qui ne supportent pas la vie en couple alors qu'ils sont persuadés de s'aimer. Lorsque c'est le cas, j'assiste en témoin privilégié au passage d'une relation narcissique ou œdipienne à une relation intersubjective que je vais maintenant décrire.

### PASSAGE DE LA RELATION NARCISSIQUE À LA RELATION INTERSUBJECTIVE

Quand un homme et une femme tombent amoureux l'un de l'autre et ont des relations sexuelles, il s'établit, entre eux, une relation symbiotique ou fusionnelle. Chacun jouit en se croyant comblé par l'autre, comme le bébé allaité par sa mère, ou comme la mère allaitant son bébé. Les baisers échangés en prélude de l'acte sexuel, avec la langue dans la bouche de l'autre, réactualisent ce plaisir ancien. Le pénis dans le vagin mime le retour du bébé dans le ventre maternel et aussi le rétablissement du lien ombilical entre la mère et l'enfant. La jouissance éprouvée par les deux partenaires au moment du coït réactive le lien symbiotique primitif qu'ils ont noué l'un et l'autre avec leur mère au début de leur existence. L'autre, au moment de l'orgasme, est une réincarnation de la mère aimante à laquelle ils ont dû renoncer.

A ce lien fusionnel s'ajoute un lien narcissique. Les deux amoureux croient reconnaître dans l'autre, comme dans un miroir, leur double narcissique de sexe opposé, l'autre idéal de leurs rêves amoureux et de leurs fantasmes sexuels. Les rapport sexuels sont des relations d'objet, de complémentarité, mais aussi des relations d'identification narcissiques projectives. L'homme et la femme réduisent leur partenaire à n'être que le miroir complaisant qui leur renvoie l'image de la femme ou de l'homme idéal de leurs fantasmes, celle qui s'impose à leur conscience lorsqu'ils se masturbent. Si l'un des partenaires se lasse de jouer ce jeu de séducteur passif dans lequel chacun doit s'effacer, en tant que sujet, derrière le masque que l'autre lui applique sur le visage, le charme se rompt, il y a désillusion et désidéalisation, l'un et l'autre apparaissent dans leur nudité de sujet, avec leurs qualités et leurs défauts, la différence entre l'autre idéal et l'autre réel devient évidente et ne peut plus être niée, c'est l'épreuve de vérité pour le couple. Le lien amoureux se distend et peut se rompre, s'il ne se métamorphose pas en lien intersubjectif. Dans cette relation, devenue asymétrique et indirecte, chacun reconnaît en l'autre, au-delà de son moi apparent, son être d'existant qu'il ne peut posséder. L'autre, en tant que sujet de son existence, s'est lié et se liera à d'autres sujets, il gardera toujours sa singularité et sa liberté. La communication intersubjective n'est jamais complète, une part importante de la subjectivité de chacun demeure inconnaissable pour soi et pour autrui. Mon être et celui d'autrui ne se réduisent pas à l'image qu'il se fait de moi et que je me suis fais de lui.

L'établissement d'une relation amoureuse et sa transformation en relation intersubjective peuvent être ainsi théorisés et schématisés :

1 - Avant la rencontre amoureuse, il y a deux monades autosuffisantes représentées sur le schéma 1. L'homme et la femme sont représentés comme des êtres bipolaires. H et F sont des pôles subjectifs, h et f les pôles objectifs : l'homme et la femme en tant qu'objet de désir phallique. Lorsque l'homme se masturbe, il fait l'amour avec l'objet imaginaire de son désir f', habituellement refoulé au niveau de son inconscient. Lorsque que la femme se masturbe, elle imagine aussi coïter avec l'objet de son désir sexuel h'. Chacun d'eux est alors persuadé de posséder l'objet phallique de son désir. Le plaisir orgastique de l'homme et de la femme est déclenché par l'illusion de complétude phallique et narcissique.

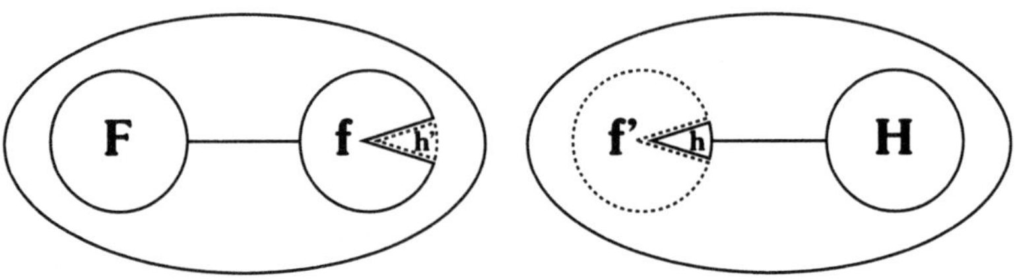


*Schéma 1 : la femme et l'homme en tant que monades auto-érotiques (coupe horizontale)*

2 - Lorsqu'à la suite du coup de foudre, l'homme et la femme ont leurs premiers rapports sexuels, ils s'alignent l'un sur l'autre et établissent entre eux une relation de complémentarité sexuelle qui est aussi une relation de complémentarité narcissique. Chacun projette sur l'autre l'objet imaginaire de son désir et l'identifie à cet objet, si bien que la relation sexuelle ne s'établit pas entre deux sujets, mais entre deux objets de désir qui sont eux-mêmes recouverts du fantasme sexuel de l'autre. La jouissance sexuelle est obtenue lorsque chacun des partenaires croit combler réellement et imaginairement l'autre et être comblé par lui. Pour cela, chacun doit disparaître en tant que sujet derrière ce qu'il est en tant qu'objet de désir réel et imaginaire, chacun doit incarner pour l'autre le phallus $\Phi$. Il n'y a donc pas réalisation d'une véritable dyade, mais recouvrement partiel de deux monades.

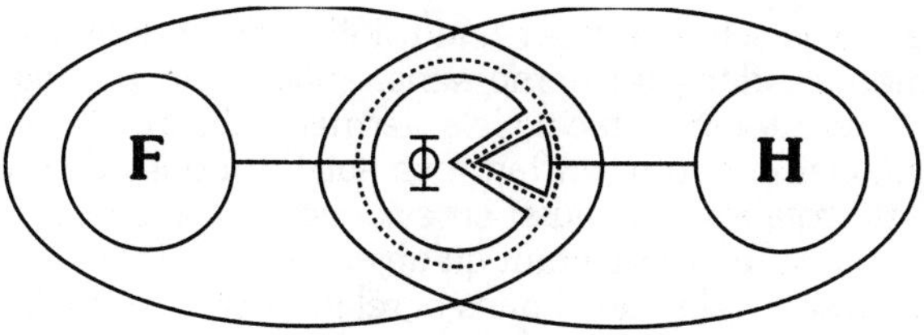


*Schéma 2 : la relation phallique ou passionnelle (coupe horizontale)*

3 - La relation sexuelle est aussi une relation narcissique en miroir dans laquelle chacun croit reconnaître en l'autre l'objet imaginaire de son désir et dans laquelle il confond l'autre réel avec l'image qu'il se fait de lui. F et H en tant que sujet se dissimulent derrière leur masque d'objet de désir. On peut figurer ce mode de relation, grâce à un artifice, en introduisant un miroir sans tain entre les deux partenaires. Celui-ci leur permet de se voir, par réflexion, comblé imaginairement par le partenaire et, par transparence, le comblant réellement. Au bout d'un certain temps, en rompant leur alignement, et en se voyant de biais, les deux partenaires se rendent compte que l'image qu'ils se font l'un de l'autre ne correspond pas vraiment à la réalité, qu'il y a illusion d'optique. En tant que sujet, ils se sentent aussi frustrés de n'être pour l'autre qu'un objet érotique. Cette prise de conscience, ce décalage latéral du regard, est

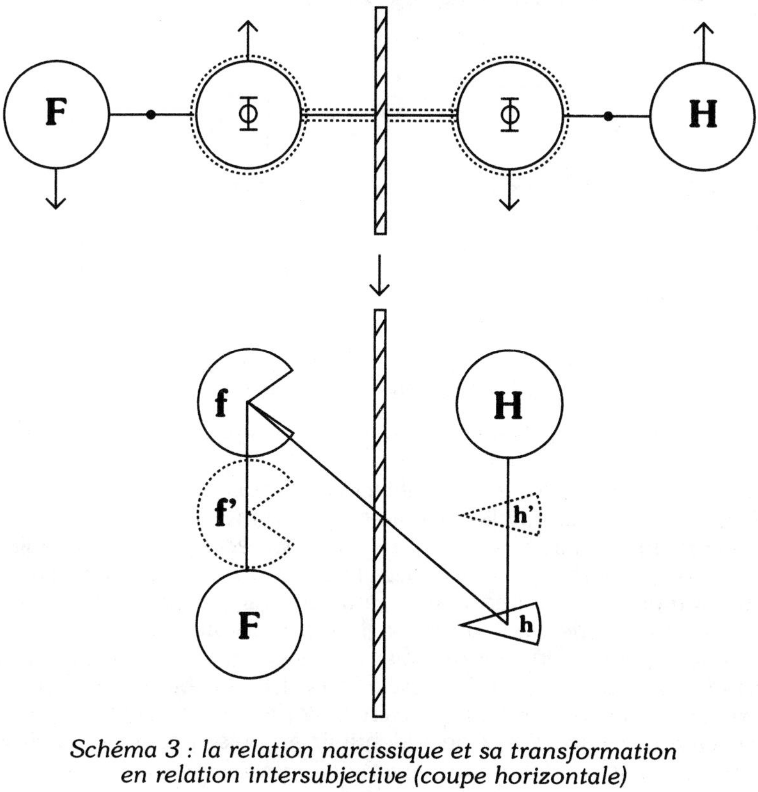


*Schéma 3 : la relation narcissique et sa transformation en relation intersubjective (coupe horizontale)*

représenté sur le schéma 3 par une rotation de l'homme et de la femme sur eux-mêmes, dans le même sens, suivant un axe vertical, l'un et l'autre se faisant toujours face. Cela permet à chacun de découvrir l'autre en tant qu'objet et l'autre en tant que sujet et de les différencier de leur image. Cette rotation met aussi en évidence l'asymétrie des positions de l'homme et de la femme en tant qu'objet de désir et leurs différences. Ce quart de tour se produit aussi dans la relation analytique, il est nécessaire à l'analyse de l'amour de transfert de part et d'autre.

4 - Une relation intersubjective s'instaure entre F et H, lorsque chacun des partenaires sexuels fait la différence entre l'autre réel et l'autre imaginaire, entre objet de désir masculin h et féminin f, lorsque chacun entrevoit, au-delà de l'objet de son désir, un sujet désiré et désirant qu'il préfère à l'autre idéal de son imagination. Cela implique un dépassement de la relation passionnelle, fusionnelle et narcissique, qui n'est qu'une masturbation à deux. On peut mieux comprendre le croisement du lien intersubjectif et son détour par les objets de désirs f et h, si on compare ce lien à celui qui se forme entre deux personnes qui se serrent la main pour se saluer. On peut aussi l'identifier au lien affectif qui réunit le cœur de deux amoureux. Anatomiquement, le cœur est un organe asymétrique. Le lien qui réunit la pointe gauche de l'un des cœurs à la pointe gauche de l'autre croise en diagonale le plan de symétrie vertical commun aux deux corps qui se font face. Ce serait une illusion que de croire que les deux cœurs peuvent se superposer point par point et être l'un à l'image de l'autre.

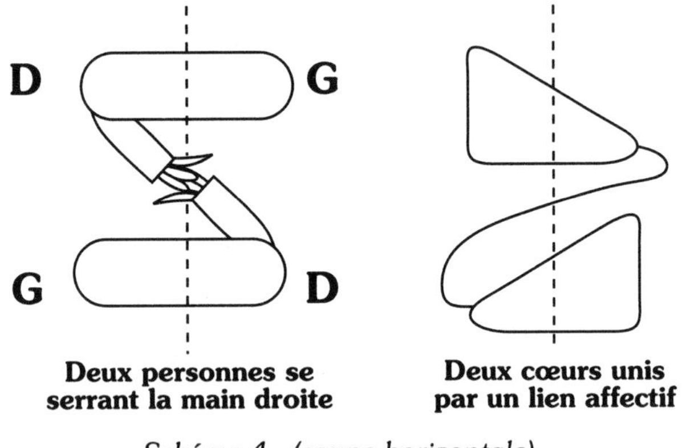


*Schéma 4 : (coupe horizontale)*

5 - La relation amoureuse intersubjective se constitue par dépassement de la relation fusionnelle et narcissique, donc par renoncement aux relations imaginaires avec f' et h'. Elle est nécessairement médiatisée par la représentation de soi ou de l'autre f ou h, elle réunit deux êtres qui s'aiment sans se confondre. Pour être aimée par H, F accepte de se faire l'objet de désir de H en f, elle peut ainsi entrer en relation avec h, l'homme en tant qu'objet désiré et, par lui, avec H, l'homme en tant que sujet désirant. La relation est réversible, H et F sont à la fois sujets désirants et sujets désirés. Pour être reconnus comme tels par l'autre, ils acceptent de s'identifier à l'objet phallique du désir de l'autre, sans s'y aliéner complètement.

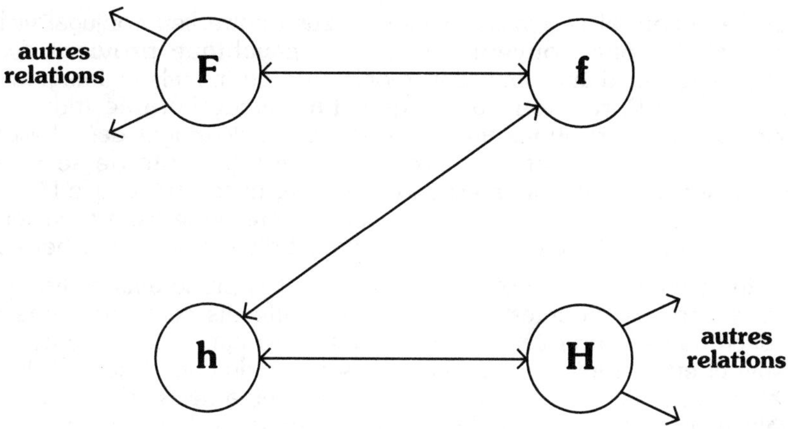


*Schéma 5 : la relation d'amour intersubjective en Z*

## LE PASSAGE DE LA RELATION ŒDIPIENNE À LA RELATION INTERSUBJECTIVE

Pour tomber amoureux et s'engager durablement dans une relation conjugale, il faut être un ion libre, il faut s'être arraché de sa molécule d'origine. Actuellement, on constate que de plus en plus de jeunes filles et de jeunes hommes vivent en concubinage sans s'aimer vraiment. Ils rationalisent leur choix de vivre ensemble en disant qu'ils le font pour des raisons économiques ou pour éviter la solitude. Ils restent attachés, chacun de leur côté, à leurs parents et à leurs frères et sœurs. Ils ont des relations sexuelles entre eux, mais sans passion, pas toujours. Pour eux, le couple est une communauté d'intérêts, pas une relation affective. Le concubinage moderne ressemble beaucoup au mariage bourgeois tant décrié d'autrefois. Comme dans celui-ci, les relations verticales de filiation priment sur les relations conjugales horizontales. Quand l'un des concubins souffre d'une telle situation et consulte, le psychothérapeute constate, le plus souvent, que lui ou l'autre est resté fixé affectivement à son père ou à sa mère par un lien œdipien. C'est ainsi aujourd'hui, comme ça l'était déjà au temps de Freud, lorsqu'il a découvert le complexe d'Œdipe, en soignant, à la fin du siècle dernier, les jeunes bourgeoises hystériques de Vienne restées amoureuses de leur père.

Habituellement, les concubins qui s'engagent dans une psychothérapie ne se trouvent pas dans une situation aussi dramatique que Gisèle. Ils se plaignent souvent de n'avoir pas de désirs sexuels ou d'être insatisfaits dans leurs rapports sexuels, chacun craint que l'autre ne lui soit infidèle. Ils se disputent souvent, se reprochant mutuellement de ne pas s'aimer et d'être trop dépendants de leurs parents. Au cours de la psychothérapie, ils prennent conscience de leur lien œdipien inconscient avec leur père ou leur mère. Ils ne se l'avouent pas facilement et refusent de l'admettre devant leur conjoint. Il se sentent en fait coupables de trahison ou d'abandon vis a vis du parent aimé en aimant leur concubin. Dans la relation transférentielle, le psychothérapeute est un double imaginaire du parent aimé, du concubin ou de l'autre idéal. Il permet ainsi à son patient de mieux comprendre sa situation ainsi objectivée. Celui-ci peut faire alors la distinction entre désir sexuel et désir œdipien, entre lien conjugal et lien de filiation et aussi entre lien conjugal et lien fraternel. Le plus souvent, le malaise psychique provient d'une superposition et d'une confusion d'objets de désir réels et imaginaires, comme dans la relation narcissique. La psychothérapie induit une triangulation des relations affectives et leur déploiement dans l'espace psychique. Elle permet, par exemple, à une patiente de se rendre compte que son concubin n'est pas son père, ni son frère, que l'interdit de l'inceste ne s'applique pas à lui, que le père ou le frère n'en feront pas un drame si elle se détache affectivement d'eux pour s'attacher à lui.

Au cours de la psychothérapie, le patient apprend ainsi à distinguer les trois liens de parentés et les trois liens affectifs correspondants que j'ai décrit dans la première partie de cette ouvrage. Si le lien amoureux existait et était simplement inhibé, la résolution du complexe d'Œdipe le réactive, les relations sexuelles se rétablissent et la décision de s'engager durablement dans une vie à deux peut être prise. Si ce lien n'existait pas ou n'apparaît pas rapidement, il y a séparation et chacun reprend sa liberté.

# 3 - PERTURBATIONS PSYCHIQUES INDUITES CHEZ UNE FEMME PAR LA CONCEPTION ET LA NAISSANCE D'UN ENFANT

## CAS N° 6

# Vouloir un enfant pour soi

### *Exposé du cas*

*Bénédicte, vingt-quatre ans, est secrétaire, elle vit en concubinage depuis quatre ans avec un collègue de travail. Bénédicte me consulte parce qu'elle voudrait un enfant de son ami, tout en craignant d'avoir le ventre déformé et de rester grosse après l'accouchement. Elle suit un régime et lutte en permanence contre une boulimie qu'elle réfrène difficilement. Bénédicte reconnaît pourtant qu'elle n'a jamais été grosse et qu'elle parvient à se maintenir depuis son adolescence en dessous de son poids d'équilibre. Quand je l'interroge sur ses relations avec son ami, Bénédicte me répond qu'elle n'a pas l'impression de l'aimer ni d'être aimée par lui. Il fait partie d'une secte et son appartenance à celle-ci est plus importante pour lui que son attachement à elle. Ils partagent le même domicile sans former vraiment un couple, chacun sort librement sans l'autre. Depuis un an, Bénédicte a abandonné toute contraception et pourtant, elle n'arrive pas à être enceinte. Elle pense que la psychothérapie va lui permettre de l'être. Il n'y a pas de cause organique à sa stérilité.*

*Bénédicte est la dernière d'une famille de quatre enfants. Elle est beaucoup plus jeune que ses frères et sœurs, elle n'était pas attendue. Son père est décédé subitement d'un infarctus quand elle avait treize ans. Bénédicte a alors vécu seule avec sa mère à la campagne. Elle a eu une adolescence triste et solitaire, ayant beaucoup de difficulté à nouer des contacts avec les autres. Elle a suivi des études qui ne l'intéressaient guère. A la suite d'un concours administratif, elle se retrouve seule en ville, à l'âge de vingt ans. Son métier ne la passionne pas, d'ailleurs rien ne l'intéresse vraiment, sinon la nourriture sur un mode négatif. A dix-huit ans, Bénédicte tombe amoureuse d'un voisin qui a dix ans de plus qu'elle. Il est grand et dynamique, il a eu de nombreuses aventures amoureuses, sans jamais se fixer. Bénédicte a quelques relations sexuelles avec lui et se retrouve enceinte. Son amant et sa mère décident qu'elle avorte, alors qu'elle, sans oser le dire, aurait voulu garder l'enfant de cet homme. Après l'intervention, Bénédicte en a voulu à sa mère, mais pas du tout à son amant, elle est restée secrètement amoureuse de lui. Bien qu'elle vive depuis quatre ans avec un autre, elle rêve toujours de lui et c'est avec lui qu'elle fait l'amour quand elle a des relations sexuelles avec son concubin. Elle n'a jamais cherché à le revoir, mais elle sait qu'il est marié, qu'il a un enfant, elle connaît son adresse, sa voiture et le lieu où il travaille.*

*Après trois séances de psychothérapie, Bénédicte part en vacances avec son concubin dans la communauté religieuse de celui-ci. A son retour, elle a un retard de règles et son médecin constate qu'elle est enceinte. Elle se souvient alors, au cours d'une séance, qu'avant de partir avec son ami, elle était allée seule à la fête de son village et qu'elle avait eu un rapport sexuel avec un homme qu'elle ne connaissait pas mais qui était l'ami de son premier amant, toute la soirée, ils avaient parlé de lui. Quelques semaines plus tard à la suite d'une échographie, son gynécologue lui confirme son état de grossesse, mais lui affirme que le moment de la conception ne peut pas se situer pendant ses vacances avec son concubin, mais correspond au rapport sexuel qu'elle a eu avec l'ami de son ancien amant. Bénédicte comprend alors qu'inconsciemment, elle a voulu un enfant, non de son concubin, mais de celui qu'elle aime toujours. Elle réagit aussitôt en me disant qu'elle ne peut imposer cet enfant à son concubin en lui cachant la vérité, ni lui révéler pourquoi et comment elle l'a trompé. A la fin de la séance, elle avait pris la décision d'avorter une deuxième fois.*

*A la suite de son deuxième avortement, Bénédicte n'a pas repris sa psychothérapie. Elle m'a cependant consulté à plusieurs reprises au cours des deux années suivantes. Elle m'a ainsi appris qu'elle s'était séparée de son concubin, qu'au cours des vacances suivantes elle avait repris contact avec son ancien amant, qu'elle avait eu à nouveau des relations sexuelles avec lui et qu'elle avait été enceinte de lui sans qu'il le sache. Bénédicte a bien supporté sa grossesse et son accouchement. Quand elle m'a consulté pour la dernière fois, le bébé, un garçon, avait six mois, il portait le prénom de son géniteur. Bénédicte était heureuse avec lui, elle se faisait cependant du souci parce qu'il n'avait pas d'appétit.*

## Analyse psychologique

### VOULOIR UN ENFANT POUR SOI

Bénédicte me consulte parce qu'elle voudrait être enceinte, tout en craignant de l'être. Elle espère qu'avec mon aide, elle parviendra à surmonter sa phobie de la grossesse. Avant de me rencontrer, elle a compris que son désir d'enfant, comme son désir boulimique de nourriture, se heurte en elle à un moi idéal qui lui interdit la moindre prise de poids, la moindre déformation de sa taille de jeune fille. A ma question sur ses relations avec son concubin, Bénédicte répond qu'il n'y a pas de lien d'amour entre eux, elle lui demande d'être un géniteur, pas un père. Son désir d'enfant est narcissique, elle le veut pour elle-même, comme un objet de désir, et n'envisage pas qu'il puisse être aussi l'enfant d'un autre, ni qu'après sa naissance, il puisse avoir une existence en dehors d'elle. Bénédicte s'inquiète pour son tour de taille, mais ne se soucie guère du devenir du bébé hors de son ventre, elle ne sait pas si son concubin restera auprès d'elle pour l'aider à l'élever. Bénédicte se rend compte qu'elle est insatisfaite de sa liaison et qu'elle n'attend plus rien de son concubin, sinon qu'il la féconde et lui permette de trouver, dans l'enfant à naître, l'affection qu'elle recherche en vain depuis qu'elle est née. Bénédicte prend alors conscience de ses désirs contradictoires concernant son ami. Elle dit qu'elle désire un enfant de lui, alors qu'il n'est plus rien pour elle, elle a des rapports sexuels avec lui, mais elle fait l'amour avec son premier amant, c'est donc avec lui et pas avec son concubin qu'elle désire avoir un enfant. Bénédicte comprend ainsi qu'elle ne parviendra pas à être enceinte parce qu'elle veut l'être d'un homme qu'elle n'aime pas, mais elle ne l'admet pas.

Pour analyser la problématique inconsciente de Bénédicte, il est nécessaire de la mettre en relation avec l'histoire de sa vie. Bénédicte n'a jamais eu de chance. Elle est née sans avoir été voulue, elle venait en trop et n'a jamais réussi à se faire aimer de sa mère. Avec le père, ça allait mieux, mais il est mort au moment de la réactivation de son complexe d'Œdipe, et elle a alors subi sa première déception amoureuse. Elle s'est repliée sur elle-même, à l'exemple de sa mère, ne parvenant pas à faire le deuil de son père. Quand son voisin s'est intéressé à elle, Bénédicte a cru retrouver en lui son père, elle est tombée aussitôt amoureuse, prête à tout pour lui. Enceinte, elle n'a pas compris que sa mère et cet homme ne prennent pas au sérieux son amour et l'enfant de cet amour dans son ventre. Elle s'est laissée faire quand on a voulu qu'elle avorte et s'est retrouvée abandonnée et en deuil une deuxième fois. Bénédicte s'est repliée un peu plus dans son monde imaginaire, idéalisant son séducteur et rendant sa mère responsable de son malheur. Quand elle a rencontré son concubin, elle a cru trouver auprès de lui l'amour que sa mère, son père et son amant ne lui avaient pas donné. Elle a encore été déçue. Sentant qu'il allait lui échapper, Bénédicte a imaginé une solution à son problème affectif : avoir un enfant qui lui donnerait enfin l'amour qui lui a toujours manqué. Mais, cette solution réactive aussitôt en elle le souvenir pénible de sa première grossesse et de son avortement. En réalisant son désir d'enfant, elle craint aussi de perdre définitivement son concubin et surtout son statut de jeune fille libre et indépendante. C'est certainement pour cela que son désir de grossesse s'est heurté, pendant un an, à des défenses narcissiques infranchissables.

## L'ÉCHEC DE LA PSYCHOTHÉRAPIE

Au cours de sa psychothérapie, Bénédicte a plus agi que réfléchi. Elle n'a pas vraiment analysé son désir d'enfant, ni ce qui l'empêchait de le réaliser. C'est seulement dans l'après coup qu'elle comprend pourquoi elle a pu être enceinte de l'ami de son ancien amant et pas de son concubin. Bénédicte accepte mal cette grossesse non voulue, survenue par débordement de ses défenses narcissiques. Elle veut aussitôt avorter, non à cause de son concubin comme elle le dit, mais plutôt parce qu'elle se sent humiliée par rapport à elle-même et par rapport à moi. Elle fait sien le slogan féministe des années 70 : « Un enfant, si je veux, quand je veux ». Elle ne peut admettre que son désir inconscient ait pu être plus fort que sa volonté consciente. Bénédicte a probablement interrompu sa psychothérapie parce qu'elle n'a pas supporté cette révélation.

Après son deuxième avortement, Bénédicte sait qu'elle veut un enfant de son ancien amant et uniquement de lui. Plus rien d'autre ne compte pour elle. Après deux échecs, l'un imposé par sa mère et son amant, l'autre qu'elle s'est imposé elle-même, Bénédicte veut prendre sa revanche. Elle réussit facilement à concevoir, et à mettre au monde l'enfant qu'elle voulait avec l'homme de ses rêves, sans qu'il en ait conscience, sans qu'il le veuille. Belle revanche pour elle qui avait conçu deux fois en toute inconscience, contre sa volonté ! L'enfant qu'elle met au monde est un enfant narcissique, tout à elle, qui devra la consoler de la perte de celui qu'elle a aimé mais qui n'a pas voulu d'elle. En donnant à l'enfant le prénom de son géniteur, Bénédicte l'identifie à lui et fait de l'enfant le double narcissique de son amant. Elle l'enferme avec elle dans une relation imaginaire où il représente un autre que lui-même. Cela n'augure rien de bon pour son avenir.

Le manque d'appétit du bébé signifie certainement qu'il résiste à l'emprise de sa mère. Il réussira peut-être, mieux que ceux qui l'ont précédé, à ouvrir une brèche dans les défenses narcissiques de Bénédicte et à lui faire découvrir que, pour être aimée, il faut d'abord aimer l'autre.

## CAS N°7
# Quand l'enfant prend la place du conjoint

### *Exposé du cas*

*Il y a très longtemps, Yvette, 35 ans, m'a demandé une psychothérapie parce qu'elle était déprimée. Depuis quelques semaines son mari l'a quittée et a demandé le divorce, il vit en concubinage avec une collègue de travail avec laquelle il entretient une liaison depuis quelques années. Yvette se retrouve seule avec un fils de six ans gravement handicapé auquel elle consacre tout son temps. Elle n'a jamais exercé de profession et ne dispose, pour vivre, que de la pension alimentaire que son mari lui verse.*

*Yvette et son mari se sont mariés treize ans plus tôt. D'après elle, ils se sont aimés et ont vécu heureux pendant plusieurs années, entretenant de bonnes relations avec leurs familles et leurs amis. Une seule ombre au tableau : Yvette ne parvient pas à concevoir un enfant. Les médecins qu'elle consulte ne mettent en évidence aucune cause organique à sa stérilité et lui disent qu'une grossesse surviendra tôt ou tard si elle a des relations sexuelles régulières avec son mari. Après six ans de mariage, Yvette est enceinte mais fait une fausse-couche quelques semaines plus tard. Elle présente alors un premier accès dépressif. L'année suivante, elle est à nouveau enceinte, tout semble bien se passer jusqu'à l'accouchement. Yvette est heureuse, mais aussi très anxieuse. Au moment où elle doit pousser pour expulser le bébé, tout se bloque, il y a souffrance fœtale, l'accoucheur tarde à intervenir. Lorsqu'il extrait le bébé par forceps, celui-ci est pratiquement mort, il est en détresse respiratoire, le cerveau est gravement atteint, les membres sont inertes. On annonce à la mère qu'il va mourir dans la journée. Il est aussitôt emporté hors de sa vue au service des prématurés. Le bébé sera mis sous assistance respiratoire. Grâce aux antibiotiques et aux soins intensifs, l'enfant vivra et sera remis à la mère à l'âge de trois mois : c'est un garçon complètement inerte, au visage inexpressif, avec des troubles respiratoires persistants qui demande des soins infirmiers journaliers. On dit à Yvette, que son enfant, s'il vit au-delà d'un an, sera gravement handicapé du fait des lésions irréversibles de son cerveau, qu'il sera un débile profond, paralysé des quatre membres, incontinent et insuffisant respiratoire à vie. Yvette ne se décourage pas et décide alors de se consacrer totalement à cet enfant qui deviendra son unique raison de vivre. Le mari, qui la soutenait au début, se décourage vite et souhaite ouvertement que l'enfant meurt. Il fuit tant qu'il peut le domicile conjugal en faisant du tennis avec des collègues de travail, c'est ainsi qu'il fait la connaissance d'une jeune femme. Quand Yvette apprend que son mari a une liaison, elle ne s'inquiète pas et excuse presque celui-ci, ayant conscience qu'elle n'est plus disponible pour lui. Quand les médecins se rendent compte que l'enfant vivra, mais qu'aucune amélioration de son état n'est possible, ils tentent de convaincre*

*Yvette, ainsi que son mari, de confier l'enfant à une institution spécialisée. Le mari le souhaite, mais Yvette refuse de se séparer de lui. Elle espère toujours que l'amour qu'elle lui porte et les soins qu'elle lui donne parviendront à le faire sortir de sa léthargie et qu'un miracle se produira. Il y a quelques mois, son mari lui a donné le choix : « Ou tu places l'enfant, ou c'est moi qui pars ». Yvette a laissé partir son mari, convaincue qu'il reviendrait quand l'enfant irait mieux. Maintenant, Yvette a pris conscience que son mari est parti pour de bon et qu'elle n'arrivera jamais à s'occuper seule de son enfant. Elle est désespérée, se rendant compte qu'elle a perdu son mari et qu'elle va perdre aussi son enfant. Yvette pense donc qu'il n'y a qu'une solution pour mettre fin à sa souffrance et à celle de son fils : se suicider en l'entraînant dans la mort.*

*J'ai suivi Yvette en psychothérapie pendant un an. Elle a accepté de se séparer de son enfant et de le confier à une institution privée. Celui-ci est mort quelques semaines plus tard. Yvette n'en a pas été gravement affectée, elle savait qu'il ne pourrait pas supporter d'être séparé d'elle. Elle accepte maintenant sa mort, s'étant rendu compte en six ans qu'elle ne pouvait pas, malgré son amour pour lui, le rendre heureux, ou du moins l'empêcher de souffrir. Yvette avait déjà fait le deuil de son fils lorsqu'elle a accepté de se séparer de lui. Yvette fait aussi facilement le deuil de son mari. Il s'est déconsidéré à ses yeux en manquant de courage, en fuyant ses responsabilités de père d'enfant handicapé et en cherchant une consolation facile hors de son foyer. Pendant les derniers mois de sa psychothérapie, Yvette a revécu toute sa vie passée, en particulier son enfance de fille unique, très dépendante d'une mère peu affectueuse, et elle a analysé son sentiment de culpabilité vis-à-vis de son fils et de son mari. Elle a accepté de tirer un trait sur son passé et a décidé de se faire embaucher comme aide-soignante dans l'établissement où son fils est mort ; par la suite, elle s'est engagée comme novice dans l'ordre religieux dont dépendait la maison de soins. Trente ans plus tard, je ne sait ce qu'Yvette est devenue.*

## Analyse psychologique

### LA DÉTRESSE D'UNE FEMME ABANDONNÉE

Au moment où elle me consulte, Yvette est dans une situation dramatique et n'envisage plus d'autre issue que la mort pour elle et son fils. Pendant treize ans, elle s'est investie totalement dans sa vie d'épouse et de mère. Or, son mari l'a abandonnée et elle se rend compte que, malgré tous ses efforts et tout son amour pour lui, son fils ne sortira jamais de son état végétatif et qu'elle devra se séparer aussi de lui. Yvette prend conscience qu'elle va se retrouver seule, épuisée, ayant tout perdu, alors qu'elle a tout donné. Elle n'a plus de raison de vivre et elle se dit que seule la mort peut la délivrer et délivrer son enfant d'une vie de malheur qui n'a que trop duré. Cependant, en me consultant, elle espère, sans se l'avouer, qu'elle peut retrouver le désir de vivre.

## LA NAISSANCE D'UN ENFANT HANDICAPÉ ET SES EFFETS PATHOGÈNES

Yvette a certainement été heureuse avec son mari pendant quelques années, comme elle le dit elle-même. Cela signifie qu'elle l'a aimé et s'est sentie aimée par lui. Satisfaite en tant qu'épouse, elle ne l'a pas été en tant que mère. Yvette a mal supporté d'attendre six ans avant d'être enceinte et elle s'est effondrée lorsque ses espoirs ont été déçus. On peut supposer qu'à cette époque, son mari s'accommodait mieux qu'elle de la situation et qu'il a pu s'investir, par compensation, dans son travail et ses relations professionnelles. Yvette a certainement débuté sa deuxième grossesse dans l'angoisse et la crainte d'un nouvel échec et n'a probablement pas trouvé, auprès de son mari et de son accoucheur, le soutien affectif dont elle aurait eu besoin. Si bien qu'au moment de l'accouchement, Yvette a été prise de panique et personne n'a su la rassurer et l'encourager. Au lieu de pousser, elle a retenu le bébé en elle et il y a eu souffrance fœtale. Quand le nouveau-né est apparu, il était en état de mort apparente, on a dit à la mère qu'il allait mourir, mais on a tout fait pour qu'il ne meure pas. L'acharnement thérapeutique de l'accoucheur a fait vivre un enfant qu'il avait pourtant déclaré non viable. Cette conduite signifie probablement qu'il s'est senti coupable d'avoir raté son accouchement et qu'il a cherché à fuir ses responsabilités de médecin en maintenant artificiellement en vie un mort en sursis. Il a laissé à d'autres la décision de le laisser mourir. Yvette, qui se sentait, elle aussi, coupable d'avoir fait souffrir son bébé, n'a pas fait de reproche au médecin, elle a agit comme lui et s'est acharnée pendant six ans à faire vivre artificiellement son enfant, alors que son cerveau et ses poumons étaient morts et qu'elle le savait. Le mari, quant à lui, n'a pas accepté ni supporté qu'on lui impose ce fils, maintenu artificiellement en survie, et aurait voulu qu'on le laisse mourir aussitôt après sa naissance. Yvette, avec le soutien des médecins, n'a tenu aucun compte de son point de vue. C'est à partir de ce moment que le lien conjugal qui les unissait s'est progressivement relâché de part et d'autre. Pendant six ans, Yvette et son fils forment un couple symbiotique, le père étant exclu. Quand elle apprend que son mari la trompe, elle n'est pas jalouse ni inquiète pour l'avenir, même lorsqu'il décide d'aller vivre avec sa maîtresse. La vie conjugale d'Yvette et de son mari est morte le jour où l'enfant est né, le jour où l'accoucheur et Yvette ont raté sa mise au monde et n'ont pas reconnu leur échec. Pendant six ans, Yvette a vécu dans l'illusion que son mari reviendrait à elle le jour où elle parviendrait enfin à réanimer leur enfant et à lui éveiller l'esprit.

## LA PSYCHOTHÉRAPIE ET SES EFFETS

Quand Yvette me consulte, elle prend enfin conscience que son acharnement à faire vivre son enfant a été inutile et surtout a eu des conséquences désastreuses pour elle et son mari. En voulant faire vivre à tout prix son fils, elle lui a imposé une vie de souffrance, elle s'est aussi imposée et a imposé à son mari des souffrances morales qui les ont gravement affectés. Au cours de sa psychothérapie, Yvette s'est rapidement rendu compte que son désir de mourir et d'entraîner son fils dans la mort signifiait qu'elle voulait enfin mettre un terme à leur souffrance inutile. Elle prend conscience, par la suite, qu'elle a voulu faire vivre à tout prix cet enfant pour se racheter d'une faute qu'elle n'a jamais osé avouer. Après l'accouchement, Yvette s'est sentie coupable de n'avoir pas su mettre au monde son bébé, de n'avoir pas poussé suffisamment fort quand on lui a demandé de le faire, par peur d'avoir mal. Pendant six ans, Yvette a pensé, sans pouvoir en parler à personne, que si l'enfant mourait, elle serait une mère infanticide. Son dévouement surhumain était à la mesure de son sentiment de culpabilité. Comprenant qu'elle était plus victime que coupable, qu'elle avait fait suffisamment la preuve qu'elle était une bonne mère, Yvette a accepté sans difficulté de se séparer de lui et de le laisser enfin mourir. Elle a accepté aussi que son mari n'ait pas pu supporter l'épreuve qu'elle lui imposait, et se soit détourné d'elle. Yvette a retrouvé, en quelques mois, la paix intérieure et le désir de vivre. Pour sortir de son impasse existentielle, elle a choisi la voie de la sublimation. L'amour qu'elle avait d'abord investi dans son mari, puis dans son fils, elle désire l'investir dorénavant dans les enfants des autres et en Dieu.

## La difficile articulation entre amour conjugal et amour maternel

Pour certaines femmes qui me consultent, le désir d'avoir un enfant et de lui consacrer toute sa vie peut faire disparaître le désir sexuel. L'enfant, dès sa conception, prend alors la place de l'homme en tant qu'objet de désir et d'amour. On dit que de telles femmes sont plus mères qu'épouses. D'autres femmes, plus nombreuses, n'ont jamais eu, consciemment, le désir d'être mère, pourtant, elles se sont retrouvées enceintes « accidentellement » et ont voulu, comme Bénédicte, que l'enfant soit une reproduction parfaite d'elle-même ou de l'homme qu'elles ont aimé sans retour.

### LA REPRODUCTION NARCISSIQUE DE SOI PAR EXCLUSION DU PÈRE

Chez la fille, à la puberté, l'éveil du désir sexuel coïncide avec l'éveil du désir maternel. A l'origine, les deux n'en font qu'un et sont comme les deux faces d'une même médaille. L'éducation familiale et scolaire, ainsi que les pressions sociales et culturelles exercées par les médias, vont rapidement dissocier, chez l'adolescente, fonction érotique et fonction maternelle et survaloriser la première au détriment de la seconde. Actuellement, la plupart des adolescentes n'exhibent que la face érotique de leur désir et cachent son revers maternel. Leur désir d'être mère est ainsi inhibé pendant de nombreuses années. Grâce à la contraception, les jeunes filles ont acquis une liberté et un pouvoir que les générations de femmes qui les ont précédées n'ont jamais connus. Elles peuvent, comme les hommes, avoir des aventures amoureuses multiples homo- ou hétérosexuelles, fondées exclusivement sur la séduction. Comme eux, certaines femmes se contentent, pendant des années, de ce type de relation de séduction narcissique où l'autre est réduit à sa fonction de miroir devant renvoyer une image valorisante de soi. Dans de telles relations narcissiques en miroir, on n'échange rien, on ne veut rien donner ni recevoir de l'autre, surtout pas ses virus, ni ses spermatozoïdes. Pour éviter cela, on se protège. Il n'y a pas d'engagement durable, pas de sentiments exprimés. Il n'est pas « correct » de dire à son partenaire qu'on l'aime et qu'on a envie d'avoir un enfant de lui, cela pourrait être un motif de rupture de la relation amoureuse. L'amour protégé des campagnes publicitaires contre le Sida est un amour exclusivement narcissique ou ludique, un amour stérile et stérilisant, le rapport sexuel fécondant, il ne faut jamais en parler. Il arrive pourtant que les adolescentes les mieux informées et les plus prévoyantes soient victimes « d'accidents de contraception » et soient fécondées sans l'avoir consciemment voulu. Leur désir d'être mère, qu'elles refoulaient, a débordé momentanément leurs défenses et, sans se l'avouer, elles ont fait ce qu'il fallait pour être enceintes. Si le partenaire ou l'entourage familial ne reconnaît pas et ne soutient pas ce désir inconscient d'avoir un enfant, il est à nouveau refoulé et la grossesse, considérée comme accidentelle, se termine par un avortement. D'autres adolescentes, en conflit avec leur mère, abandonnent volontairement leur contraception et cherchent à être enceintes pour prouver à celle-ci qu'elles peuvent faire aussi bien qu'elle et les supplanter dans leur statut de mère. Lorsque la grossesse survient, elles refusent de reconnaître leur désir et d'en assumer les conséquences, elles se font donc avorter, ou bien, comme dans le cas de Bénédicte, la pression de l'entourage est tellement forte que la jeune fille ne peut qu'accepter l'avortement qu'on lui impose. Si la grossesse est menée à son terme, la jeune adolescente peut se transformer en quelques mois en femme adulte et élever correctement son enfant avec l'aide ou non de sa famille, mais elle peut aussi se fixer dans une attitude de repli narcissique et vouloir faire de son enfant un objet de consolation, un double idéal d'elle-même.

Les femmes qui continuent à vivre sur un mode narcissique à l'âge adulte, se lassent, à un moment donné, de leur statut d'objet de désir. Elles supportent de plus en plus mal d'être rejetées après quelques semaines de passion amoureuse. Leur désir sexuel peut même disparaître sans qu'elles osent se l'avouer. C'est alors que le désir d'être mère, refoulé depuis la puberté, peut réapparaître, mais dissocié du désir sexuel, à un moment où elles n'ont plus d'amant et se sentent frustrées. Elles désirent un enfant pour elles-mêmes, d'un géniteur anonyme qui ne soit rien pour elles. Elles voudraient que cet enfant soit une fille pour qu'elles puissent se reconnaître en elle, sinon, un fils, à l'image de l'homme aimé autrefois, comme Bénédicte. Elles espèrent être admirées et aimées en tant que mère comme elles l'ont été en tant que femme. Leur grossesse est souvent difficile et elles sont angoissées à l'approche de l'accouchement. A la naissance, après une phase d'euphorie, survient souvent une phase de dépression et de rejet de l'enfant. Ces mères ne supportent pas que le bébé manifeste son indépendance et refuse son biberon, comme le fils de Bénédicte. Si elles ont à nouveau une vie amoureuse, le bébé devient gênant, surtout si le partenaire ne l'accepte pas. Si elles restent seules, elles ont tendance à s'investir totalement dans l'enfant qui devient alors à la fois objet d'amour et de désir. Ces mères narcissiques, amoureuses d'elles-mêmes, cherchant à se retrouver dans leur enfant, en font inévitablement des êtres narcissiques, des êtres homosexuels, qu'ils soient garçon ou fille. Dans certains cas, l'évolution est plus satisfaisante, l'enfant réel prend la place de l'enfant imaginaire et fait sortir la mère de sa prison narcissique. Si l'enfant a d'emblée une personnalité forte, il résiste à la séduction de sa mère et s'impose à elle comme un autre, différent d'elle, à aimer et à respecter. Grâce à son enfant, la mère découvre l'amour véritable et l'échange affectif. Il va faire son éducation à l'amour, mieux que n'ont su le faire, avant lui, les parents et les amants. Dans ces cas favorables, la mère accepte que son enfant lui échappe et ait un destin différent du sien. Cela lui permet alors de commencer, avec lui et sans lui, une autre vie, en accédant à la relation intersubjective.

## MÈRES PLUS QU'ÉPOUSES

Le cas d'Yvette est exceptionnel du fait de la longue durée de sa stérilité et plus encore de son calvaire de mère d'enfant maintenu artificiellement en vie. Mais, j'ai reçu à plusieurs reprises des femmes, longtemps traitées pour stérilité, et qui ont mis au monde, comme Yvette, un enfant handicapé. Elles ont, elles aussi, rejeté leur mari pour former une sorte de couple œdipien avec leur enfant, garçon ou fille. En naissant, l'enfant trop longtemps attendu, malgré ou à cause de son handicap, devient pour sa mère une idole qui comble tous ses désirs. Elle va lui donner tout son amour, il n'y a plus de place dans son cœur pour son mari.

A l'époque où j'ai reçu Yvette, il n'y avait pas de traitement médical de la stérilité, ce n'est plus le cas aujourd'hui. Actuellement, quand une femme veut un enfant et ne parvient pas à être enceinte naturellement, on lui propose une procréation médicalement assistée : insémination avec sperme du mari ou avec le sperme d'un donneur anonyme. Ces techniques imposent des manœuvres déplaisantes sur commande, à un moment très précis du cycle. Les expériences sont répétées de nombreuses fois et s'étalent parfois sur plusieurs années avant qu'une grossesse ne débute. Cela demande beaucoup de volonté et de constance pour les deux parents et les échecs répétés sont souvent mal vécus, surtout par le mari. On peut se demander s'il n'existe pas, le plus souvent, des obstacles psychologiques inconscients à la fécondation qu'il vaudrait mieux supprimer par l'analyse que de les contourner par la technique. Dans de tels cas, on met bien en évidence la différence qui existe entre vouloir consciemment un enfant et le désirer inconsciemment. Quand une femme veut à tout prix un enfant, cela signifie souvent qu'elle n'a pas vraiment le désir de donner la vie et de laisser se développer dans son ventre un être différent d'elle.

Lorsque l'enfant naît handicapé, le père et la mère mettent plusieurs semaines avant de réaliser vraiment ce qui leur arrive. Ils ne peuvent pas reconnaître, dans cet être déficient, l'enfant de leur rêve. Ils se sentent à la fois blessés narcissiquement et coupables sans savoir de quoi. Les soins donnés à l'enfant vont progressivement rapprocher la mère de son bébé et l'éloigner de son mari et de tout son entourage. Il va devenir l'objet unique de son amour. Une relation symbiotique se rétablit entre elle et lui, comme pendant la grossesse. La mère se sent ainsi comblée, rien ne lui manque, elle est heureuse ainsi avec son bébé. Leur relation de couple mère-enfant est désexualisée, le désir sexuel a d'ailleurs totalement disparu pour la mère, elle refuse les relations sexuelles avec son mari, les hommes ne l'intéressent plus. Le bébé qu'elle aime, qu'elle materne, est un bébé-objet comme la poupée de son enfance, elle ne reconnaît pas en lui le bébé en tant que sujet, en tant qu'être autonome, elle veut être tout pour lui et qu'il soit tout pour elle. La mère soigne ainsi, à travers son enfant, son complexe de castration, mais à quel prix ? La castration de son enfant et quelquefois de son mari. Si ce type de relation symbiotique se maintient trop longtemps et si l'enfant est déficient mental dès l'origine, il risque de se fixer ainsi définitivement dans la débilité mentale ou la psychose. Le plus souvent, l'enfant se rebelle contre ce surinvestissement affectif. La mère supporte mal qu'il s'oppose à elle et peut réagir agressivement, elle supporte mal aussi l'éveil de sa sexualité. Au bout de quelques mois ou de quelques années, la mère finit par se rendre compte qu'elle ne peut s'occuper seule de son enfant handicapé et accepte d'être aidée et conseillée. C'est à cette phase critique qu'elle s'engage souvent dans une psychothérapie. Quand tout se passe bien, la relation duelle mère-enfant se triangularise, la relation conjugale se rétablit, le désir sexuel se manifeste à nouveau entre les parents, l'amour maternel et l'amour conjugal ne s'excluent plus.

# 4 - PERTURBATIONS PSYCHIQUES INDUITES CHEZ UN HOMME PAR L'ENGENDREMENT D'UN ENFANT

## CAS N°8

# Luc, un père narcissique

### *Exposé du cas*

*Luc a 23 ans quand il me consulte pour la première fois, il vit seul, n'a plus de relation avec sa famille et vient d'échouer à un examen qui lui aurait donné une promotion et un travail plus intéressant. Luc a eu récemment une première expérience sexuelle angoissante, avec une femme plus âgée que lui, qui était mariée. Elle l'a « violé » puis aussitôt rejeté quand elle s'est rendu compte qu'il était impuissant. Depuis quelques semaines Luc se sent anxieux et déprimé, il prend conscience de sa solitude ; par ailleurs, il est en traitement pour un ulcère de l'estomac.*

*Luc est né à la fin de la dernière guerre mondiale dans un pays de l'Est, sa mère s'est réfugiée en France avec lui et sa grand-mère maternelle, laissant son père et tout le reste de la famille au pays, Luc ne sait pas ce qu'ils sont devenus. Il se souvient avoir été très heureux entre sa mère et sa grand-mère, il était le « Petit Prince ». Peu après la mort de sa grand-mère, sa mère s'est remariée, Luc avait quatre ans, elle a eu deux enfants avec son nouveau mari, Luc n'a jamais accepté d'être intégré dans cette nouvelle famille. Sa mère est morte d'une leucémie lorsqu'il avait douze ans. Luc s'est senti très malheureux, il s'est considéré comme un enfant abandonné. Sa situation s'est encore aggravée lorsque son beau-père a eu avec lui des relations homosexuelles. Il s'est alors replié sur lui-même et a fait des études médiocres. Dans sa première psychothérapie, Luc a trouvé momentanément en moi le père qui lui a toujours fait défaut. L'évolution a été rapidement favorable. Par la suite, Luc a de brèves aventures amoureuses et s'affirme sur le plan professionnel, mais il attend d'avoir trente-trois ans pour se marier. Il épouse une femme active, peu exigeante sur le plan sexuel. Ce qui lui plaît par-dessus tout, c'est d'entrer dans une famille et de se faire adopter et aimer comme un fils par ses beaux-parents. Avec eux et son épouse, il s'est senti heureux, tant sur le plan matériel que sur le plan affectif. Mais, au bout de trois ans, il s'ennuie, sa femme aussi. Il lui avait toujours dit qu'il ne voulait pas d'enfant, mais, pour lui faire plaisir, il se laisse fléchir...*

*Quand Luc me consulte à nouveau, quatorze ans après sa première psychothérapie, il vient d'apprendre que son épouse est enceinte. Il a aussitôt mal à l'estomac et se sent déprimé et anxieux. Pour lui, c'est comme s'il était à nouveau abandonné par sa mère, il revit les moments douloureux de son existence passée : la fuite hors de son pays, les deux grossesses de sa mère, sa maladie et sa mort... Son état s'aggrave encore lorsqu'il apprend qu'il aura un fils. Il comprend que ce fils va le détrôner et prendre sa place auprès de sa femme et de ses beaux-parents. Il va l'obliger à devenir père, à se situer vraiment comme mari et comme chef de famille, cela lui parait impossible. Pourtant, en quelques semaines de psychothérapie, Luc retrouve son équilibre et accepte, au moins consciemment, de faire une place à ce fils.*

*Luc, m'a consulté une troisième fois, vingt-six ans après sa première psychothérapie, douze ans après la seconde. Il est à nouveau angoissé et déprimé, son estomac le fait encore souffrir. Tout cela parce que son fils, âgé de douze ans, manifeste des tendances homosexuelles. Luc s'en rend coupable. Avec son épouse, il a tout fait pour que son enfant soit heureux, or, il constate qu'il lui ressemble de plus en plus, qu'il a les mêmes défauts que lui, Luc craint qu'il soit aussi malheureux que lui dans sa vie future. Il se reproche de ne pas lui avoir donné l'image d'un père viril et heureux de vivre. Il regrette de s'être marié et d'avoir accepté d'avoir un enfant. Après quelques entretiens, Luc se rend compte que les problèmes de son fils sont différents des siens. Avec son épouse et l'enfant, il consulte un pédopsychiatre et son fils commence une psychothérapie. Luc est rassuré, son état s'améliore rapidement, la crise est passée. Il ne souhaite pas s'engager à nouveau dans une psychothérapie.*

## Analyse psychologique

Cette observation présente un double intérêt :

— Elle couvre une période de vingt-six ans et permet d'analyser la problématique psychique de Luc à trois moments critiques de son existence.

— Elle permet d'étudier ce que j'appelle un engendrement narcissique qui fait d'un fils le double narcissique de son père.

### L'ENFANCE ET L' ADOLESCENCE MALHEUREUSES DE LUC

Luc a été particulièrement marqué par les épreuves au cours de son existence. Les victimes de guerre ne sont pas seulement les morts et les blessés des champs de bataille, mais aussi tous les petits Luc, brusquement déracinés de leur famille et de leur pays, qui attendent toute leur vie la réapparition d'un père qu'ils n'ont jamais connu, dont ils n'ont jamais pu faire le deuil. Pour sa mère et sa grand-mère, il a dû réincarner, dès son plus jeune âge, ce père mythique qui n'a jamais eu d'existence réelle pour lui. il a été ainsi élevé comme un prince héritier, il était l'idole de ses deux mères et s'est fixé dans ce statut narcissique de Petit Prince qu'il n'a jamais pu abandonner par la suite. Luc a subi tant de traumatismes graves au cours de son enfance : remariage de sa mère, naissance de ses demi-frères, maladie et mort de sa mère, viol homosexuel du beau-père, qu'il a pris très tôt l'habitude de se replier sur lui-même face à l'adversité et de vivre dans un monde imaginaire, hors du temps et de l'espace, celui de sa petite enfance, dans lequel il est le Petit Prince. Dès qu'il a pu gagner sa vie, Luc a quitté pour toujours sa belle-famille et s'est retrouvé seul. A vingt-trois ans, il a cru qu'il pouvait trouver sa place dans l'existence en passant un concours et en ayant une vie amoureuse. Ce fut un double échec et le surgissement d'une angoisse de mort et d'un accès dépressif. Au cours de sa première psychothérapie, Luc a pansé ses plaies narcissiques, mais n'a pas remis en cause son mode de fonctionnement psychique. Pendant quatorze ans, il a vécu en évitant tout nouveau traumatisme. Il s'est engagé dans la vie professionnelle et s'est marié, tout en restant un être narcissique, centré sur lui-même et vivant essentiellement sur un mode imaginaire, dans le souvenir nostalgique de sa petite enfance heureuse.

## L'EFFONDREMENT DU MONDE NARCISSIQUE DE LUC LORSQU'IL DEVIENT PÈRE

En se mariant, Luc a retrouvé les conditions de vie heureuse de son enfance. Son épouse et ses beaux-parents le gâtent et lui apportent la sécurité matérielle et l'affection dont il a besoin pour vivre, il est à nouveau le Petit Prince. Dès que son épouse est enceinte, Luc comprend que le bébé va le détrôner et l'obliger à tenir vraiment sa place d'époux et de père. Mais le peut-il ? Etre père, Luc ne sait pas ce que c'est, il n'a aucune expérience vécue d'une relation père-fils, sinon, celle de la relation perverse et incestueuse qu'il a eue avec son beau-père. Dans sa représentation des relations parentales, la place de père est forclose, il n'y a jamais eu pour lui de fonction paternelle symbolisée. Appelé à être père, il se trouve confronté à un vide symbolique, il se sent en danger de mort, son ulcère d'estomac en est le signe physique, sa dépression le signe psychique. Son angoisse de mort est bien plus destructurante pour lui que l'angoisse de castration qu'éprouvent habituellement les hommes quand ils apprennent qu'ils vont être père. Luc, en tant qu'être narcissique, se situe comme l'enfant de son épouse, même si, pour tout le monde, il paraît en être l'époux. Quand sa femme lui annonce qu'elle est enceinte, il se sent aussitôt éjecté de cette place d'enfant qu'il occupe indûment. En tant que père narcissique, Luc se trouve dans la position de Chronos le père de Zeus qu'évoque la mythologie grecque. Chronos dévore ses enfants au fur et à mesure qu'ils naissent pour ne pas être détrôné par l'un d'eux. Zeus parvient pourtant à lui échapper et à le supplanter.

En me consultant à nouveau, Luc cherche-t-il un père auquel il puisse s'identifier ? Pas vraiment, il me demande plutôt d'être pour lui une mère qui soulage sa douleur, qui le console et qui rassure. En situation de crise, le psychothérapeute fait souvent du nursing ou du maternage. Son action se limite le plus souvent, comme en médecine, au retour à l'équilibre antérieur. Pour qu'un changement de structure se produise, pour que la relation aux autres se triangularise ou s'œdipianise, il faut que le patient s'engage dans une relation véritablement analytique. Luc ne l'a pas fait à vingt-trois ans, il ne le fera pas non plus à trente-sept ans. Il n'y avait pas de demande de sa part, de mon côté, je me rendais compte de la fragilité de son équilibre psychique et de la gravité de ses blessures psychiques anciennes. Pour le psychanalyste, comme pour le médecin, l'adage hippocratique : primum non nocere s'impose toujours.

## L'ENGENDREMENT NARCISSIQUE DE SON FILS

Jusqu'à la puberté, Luc s'est tenu à l'écart du couple mère-fils. Il ne s'est pas personnellement investi dans l'éducation de l'enfant, ne sachant pas comment s'y prendre et craignant d'avoir une influence néfaste sur lui. Luc n'a jamais été un père pour l'enfant, plutôt une deuxième mère. Celui-ci a donc été doublement materné, comme Luc l'avait été lui-même par sa mère et sa grand-mère, et pas paterné du tout. L'enfant devient donc, à son tour, un Petit Prince, un enfant unique, gâté et surprotégé. Ayant suivi la même filière éducative que son père, le fils apparaît, à la puberté, comme la reproduction narcissique de son père, mais, à la différence de celui-ci, il ne se sent pas malheureux, parce qu'il n'a jamais subi de traumatisme grave. En devenant un homme, le fils se rapproche de son père et cherche à s'identifier et à s'attacher affectivement à lui. Luc ne le supporte pas et prend peur. Il se sent coupable d'avoir engendré, sans l'avoir consciemment voulu, un fils qui éveille en lui des désirs pédérastiques, comme lui-même avait éveillé de tels désirs chez son beau-père, au moment de sa puberté. C'est à cause de cela qu'il décide de me consulter pour la troisième fois. Au cours des entretiens qu'il a avec moi, Luc comprend que son fils devient homosexuel par identification narcissique à lui. En se mariant et en ayant un enfant, il a fait semblant d'être comme tout le monde, alors qu'à un niveau inconscient, il n'avait ni le désir, ni l'aptitude psychique d'être un mari et un père. Luc prend conscience qu'il maîtrise bien ses pulsions homosexuelles et qu'il ne sera jamais un père incestueux comme son beau-père. Il se rend compte qu'avec son épouse, il a donné suffisamment de sécurité et d'affection à son fils pour qu'il soit maintenant capable de sortir du cocon familial et de vivre autrement que lui. Luc pense que son fils trouvera dans son psychothérapeute le père qu'il n'a pas trouvé en lui et qu'il réussira, peut-être, grâce à celui-ci, à devenir un homme adulte recherchant dans une femme autre chose qu'une mère, ce que lui n'a jamais réussi à faire.

CAS N°9

# La paternité en cas d'insémination artificielle

### *Exposé du cas*

*Denis, trente-cinq ans, est cadre dans une entreprise publique. Depuis l'âge de vingt ans, il souffre d'une maladie neuro-musculaire familiale qui s'aggrave progressivement, il se déplace en fauteuil roulant. Son père, décédé, était atteint de cette maladie, deux de ses frères sont touchés comme lui, mais à un moindre degré, étant plus jeunes que lui. Denis s'est marié à l'âge de trente ans. Son épouse et lui ont été avertis par leur médecin qu'ils avaient une chance sur deux de concevoir un enfant porteur de la tare familiale. Ils ont donc décidé d'un commun accord de recourir à une procréation médicalement assistée par I.A.D., c'est-à-dire par insémination de l'épouse avec le sperme d'un donneur anonyme. Une petite fille est née ainsi, il y a quinze mois, et un petit garçon doit naître bientôt conçu par le même procédé. Le médecin qui a pratiqué ces inséminations a recommandé aux parents de garder le secret. Personne, pas même les enfants, ne doit savoir que Denis n'est pas leur père biologique. Denis se sent mal à l'aise vis-à-vis de ses frères qui ne comprennent pas qu'il ait osé procréer des enfants en courant délibérément le risque de leur transmettre le gène de la maladie familiale, alors qu'eux veulent rester sans descendance. Denis a toujours été bien équilibré psychiquement, il a une forte personnalité, il est intelligent et travailleur. Malgré son handicap, il assume bien toutes ses responsabilités professionnelles. Denis s'entend bien avec son épouse qu'il aime et qui l'aime. Il a tout pour être heureux, si ce n'est son handicap, pourtant, il est très malheureux depuis quelques semaines. Une idée obsédante a envahi son esprit et l'angoisse, il n'ose pas en parler à son épouse, c'est l'idée d'étrangler sa fille de quinze mois, comme son père étranglait autrefois les petits chats dont il voulait se débarrasser. Il sent le désir d'étrangler sa fille monter en lui lorsqu'il se retrouve seul avec elle et il éprouve alors un grand désespoir et une grande tristesse. Il l'aime, en effet, beaucoup et il a bien conscience de la monstruosité de l'acte qu'il se sent poussé à commettre. Il n'a cependant jamais esquissé le moindre geste sur le cou de sa fille.*

*Au cours de sa psychothérapie, Denis prend conscience qu'il souffre de n'être pas vraiment le père de sa fille, ni celui du bébé à naître et de ne pas pouvoir le dire. Il se demande s'il ne devrait pas révéler la vérité à son entourage pour ne plus se sentir accusé par ses frères d'avoir pris le risque de mettre au monde des enfants porteur de la tare familiale. Mais, il craint, en le faisant, que ses enfants apprennent un jour qu'il n'est pas leur père et le rejettent. Denis se sent pris au piège et regrette d'avoir voulu des enfants. Il se rend compte lui-même que son obsession exprime l'ambivalence de ses sentiments à l'égard de sa fille. Il l'aime, mais il a du mal à la reconnaître comme sa fille, il l'envie et inconsciemment lui en veut de n'être pas porteuse, comme lui, de la tare familiale. Son idée obsédante disparaît quand il ose l'avouer à son épouse et qu'ils peuvent discuter ensemble de sa signification. A la suite de cette discussion, ils décident de transgresser l'interdit médical et de dire à toute la famille la vérité sur la procréation des enfants. Après cela, Denis se considère comme un père adoptif et ce statut lui convient. Sa psychothérapie s'est poursuivie pendant six mois. Denis a bien réagi à la naissance et au premier développement de son fils. Quand il a mis fin à son traitement, il ne craignait plus la réapparition de son obsession et estimait qu'il était guéri.*

## Analyse psychologique

### ANALYSE DE LA SITUATION DE DENIS AVANT L'APPARITION DE SON SYMPTÔME

Denis est atteint d'une maladie génétique, liée au sexe, qui s'est révélée à l'âge adulte. Il a pu suivre toute l'évolution de cette maladie sur son père pendant son enfance, il sait donc que son impotence motrice va s'aggraver progressivement jusqu'à sa mort. Pourtant, Denis est un homme optimiste et actif. Grâce à son intelligence, son courage et sa volonté, il a réussi sa vie personnelle et sa vie professionnelle comme s'il n'avait pas été handicapé. Il s'estimait heureux jusqu'à l'apparition de son obsession. Il n'y a jamais eu de conflit entre lui et son épouse, ils s'aiment et partagent ensemble joies et peines, un sujet est cependant tabou entre eux : la maladie handicapante de Denis. Lui-même n'y pense jamais et supporte mal qu'on parle de cela devant lui. Il a l'existence d'un homme valide, mais au prix d'une dénégation de sa maladie, elle est le point aveugle de son champ de conscience. Denis a lui-même proposé à son épouse de recourir à l'I.A.D. avec des arguments qui n'ont pu que la convaincre : il veut avoir des enfants d'elle, mais ne veut pas leur transmettre sa maladie. C'est une solution logique, raisonnable et altruiste comme toutes celles que Denis a prises depuis le début de sa vie. Chez Denis, depuis l'enfance, la volonté a pris le pas sur le désir. Il sait ce qu'il veut et il est capable d'utiliser toutes ses forces pour réaliser les objectifs qu'il s'est fixé, mais Denis ne sait pas et ne veut pas savoir ce qu'il désire être et avoir, son désir a toujours été le désir de l'autre. Avant sa psychothérapie, Denis ne s'est jamais mis à l'écoute de lui-même. Il a toujours réprimé ses désirs et ses affects, il ne s'est jamais avoué qu'il souffre et se sent malheureux du fait de son handicap. En attendant un fils, après avoir eu une fille, Denis devrait être au comble du bonheur, c'est pourtant à ce moment-là qu'un barrage se rompt en lui et que tout ce qu'il a refoulé dans son inconscient, fait brutalement irruption dans son champ de conscience.

### L'IRRUPTION DE SON IDÉE OBSÉDANTE

Cette idée d'étrangler sa fille qui s'impose à lui, Denis ne la comprend pas, il la juge monstrueuse. Il n'y a aucun lien entre cette idée et le cours habituel de sa pensée, aucune objection rationnelle ne peut la faire disparaître. Cette idée est étrangère à son moi conscient et inexplicable si on l'analyse dans la logique de la pensée consciente des cognitivistes. Pour la comprendre, il faut nécessairement la considérer comme une pensée inconsciente et l'interpréter en faisant appel à une logique de l'inconscient, celle que Freud a découvert en interprétant les rêves. L'obsession de Denis est assimilable à un cauchemar nocturne ou plutôt à un rêve éveillé. Cette idée obsédante est l'expression d'un fantasme inconscient et pas l'anticipation d'un acte à accomplir. En proposant à Denis une psychothérapie, j'ai fait l'hypothèse que son idée d'étranglement correspondait certes à un désir sadique de faire souffrir ou à un désir de meurtre, mais qu'elle n'était probablement pas la sienne et qu'elle ne visait probablement pas sa fille.

L'association entre l'étranglement de sa fille et celui des petits chats par son père a été le premier indice qui a permis à Denis et à moi de nous engager sur le chemin de l'interprétation de ce symptôme. Le souvenir infantile concernant les chats correspond à ce que Freud appelle un souvenir-écran, il est le témoin d'une expérience qui a particulièrement marqué Denis, du fait de l'interprétation qu'il lui a alors donnée. En étant témoin de l'étranglement des chats, Denis a imaginé et cru que son père pourrait en faire autant avec lui et ses frères pour se débarrasser d'eux, il a éprouvé une grande angoisse en ayant cette pensée, c'est la même angoisse qu'il éprouve lorsque surgit son obsession.

Un deuxième indice est aussi à interpréter. Quand l'idée obsédante apparaît, Denis éprouve un grand désespoir et une grande tristesse. A la perte de contrôle de ses pensées inconscientes, on doit donc ajouter la perte du contrôle de ses affects inconscients. Denis, qui se protège habituellement derrière une façade de gaieté et d'optimisme, laisse alors apparaître des sentiments dépressifs qui manifestent certainement son humeur fondamentale et pas seulement l'effet produit sur lui par son idée obsédante.

## LA PSYCHOTHÉRAPIE

En évoquant son passé et en acceptant de me dire tout ce qu'il pense et tout ce qu'il ressent sans se censurer, Denis découvre assez rapidement la signification de son obsession. A l'origine de celle-ci, il y a l'hostilité de ses frères, persuadés que Denis est le père du garçon à naître, que celui-ci est porteur du gène de la maladie et qu'il sera donc handicapé comme lui et eux. Du fait du secret de la procréation imposé par les médecins, Denis est en porte-à-faux par rapport à ses frères. Il leur donne très souvent des leçons de morale, or, en prenant, d'après eux, le risque de mettre au monde un enfant qui sera handicapé, il est en contradiction avec lui-même et ne peut lever cette contradiction. Il a vécu pendant plusieurs semaines un conflit cornélien qu'il n'a pas pu résoudre. Sa tension psychique s'est accrue jusqu'à l'irruption de l'idée obsédante qui a débordé les mécanismes de défense de son moi. L'idée d'étrangler sa fille est une formation de l'inconscient à interpréter comme l'expression du conflit psychique inconscient non résolu entre le désir de Denis et celui de ses frères. A l'origine, l'idée de meurtre d'enfant est une idée que Denis prête à ses frères qui ne supportent pas qu'il ait pris le risque d'avoir un fils. En s'identifiant à ses frères et en faisant siens leurs désirs, il regrette la procréation de ce fils et se persuade qu'à sa naissance il devra se débarrasser de lui comme son père le faisait avec les petits chats. Pourquoi ne pas le faire déjà avec sa fille qui est à portée de main ? Le désir de meurtre, Denis se l'attribue par identification à l'agresseur, en l'occurrence ses frères, et sa fille prend la place du fils à naître comme victime désignée. En se représentant en train d'étrangler sa fille au cours d'une séance de psychothérapie, Denis prend conscience qu'il cherche toujours à réaliser le désir des autres et jamais le sien, et que, cette fois, cela va trop loin, puisqu'il en est arrivé à désirer commettre un crime par procuration. C'est cette démonstration par l'absurde qui va convaincre Denis de changer sa manière d'être et d'agir par rapport aux autres.

En associant son idée du meurtre de sa fille au souvenir du meurtre des petits chats par son père, Denis s'identifie à celui-ci dans cette scène. Ce faisant, il identifie sa fille et son fils à naître à des petits chats et son épouse à une mère-chat. Dans son fantasme meurtrier, Denis se situe à la place de son père par rapport à la mère-chat et à ses petits. Ses enfants ne sont pas plus les siens que les petits chats n'étaient ceux de son père. Ils sont seulement les petits chats d'une mère-chat, il peut donc s'en débarrasser comme son père le faisait autrefois. En cherchant ainsi à interpréter son obsession, Denis prend conscience qu'il ne s'est jamais investi en tant que père dans ses enfants et qu'il n'a pas cherché à se reconnaître en eux. Il les a aimé comme on aime des petits chats, sur un mode narcissique et possessif, non pour ce qu'ils sont, mais comme support des projections qu'il fait sur eux. Denis a cru aussi qu'il avait, comme les pères de la Rome antique, droit de vie et de mort sur eux. Il rapproche enfin son idée d'étrangler sa fille de l'idée d'Abraham de décapiter son fils Isaac pour l'offrir en sacrifice humain à Dieu. Comme le père des croyants, Denis a imaginé qu'il devait sacrifier au désir de l'autre ou des autres ce qu'il avait de plus cher.

Au cours de sa psychothérapie, Denis a évoqué, sans retenue et dans le désordre, un grand nombre d'idées, de désirs, et de sentiments qu'il avait toujours refoulés. Il s'est rendu compte, à la fin, qu'il avait intérêt à adopter une autre attitude face à lui-même et à ses proches et qu'il devait arrêter de se dissimuler derrière un masque d'impassibilité. Il a pris conscience qu'il n'aimait pas vraiment sa femme et sa fille, mais qu'il cherchait seulement à les satisfaire sur un mode narcissique. Il ne s'investissait pas en elles, il n'y avait pas de relation intersubjective entre elles et lui, puisqu'il ne s'était jamais situé vraiment comme sujet de ses désirs et de ses actes. Du fait de son handicap, il s'était lui-même exclu du champ du désir et de l'amour et se contentait d'être un homme de devoir.

Denis a guéri de son obsession en résolvant son complexe de castration et son complexe d'Œdipe, en acceptant son handicap au lieu de le nier et en acceptant de se situer autrement que comme objet de désir et d'amour pour sa femme. Il a réussi à se situer dans le triangle œdipien en tant que mari et en tant que père. Il a ainsi pu reconnaître et adopter des enfants qu'il considérait jusque là comme des rivaux dangereux et des intrus et accepter la greffe de ces deux rameaux étrangers sur son arbre généalogique.

La résolution de ses complexes et la guérison de son symptôme se sont faites grâce à la relation analytique intersubjective qu'il a pu établir avec moi dans laquelle j'occupais la place du père symbolique. Il a pu ainsi se libérer par la parole de tout ce qui encombrait son inconscient et mieux se situer par rapport à lui-même. Mais pour que sa guérison devienne effective et pour que ses relations familiales se transforment, il a fallu que Denis ose parler de tout cela à son épouse et qu'ils décident ensemble de dire la vérité sur la procréation des enfants, en transgressant ainsi l'interdit des médecins. En édictant cet interdit, les médecins se sont situés comme pères imaginaires des enfants. C'est sur eux, finalement, que s'est déchargé, imaginairement, le désir de mort de Denis.

## Les difficultés qu'éprouve un homme à devenir père

### LE DÉNI ACTUEL DU DÉSIR D'ENFANT DES HOMMES

En France, actuellement, un homme ne prouve plus à une femme qu'il l'aime et qu'il veut l'épouser en lui faisant un enfant et l'amour d'un mari pour son épouse ne se mesure plus au nombre d'enfants qu'il lui donne. Le contrôle des naissances et la décision de procréer appartiennent maintenant aux femmes. Les campagnes de prévention contre le virus du Sida qui incitent les jeunes hommes à utiliser des préservatifs dans tous leurs rapport sexuels valorisent l'« amour protégé », l'amour sans risque d'infection, mais aussi, de ce fait, sans risque de fécondation. Le sperme de l'homme ne doit plus contaminer les voies génitales de la femme, ni la féconder, puisqu'une barrière de latex infranchissable doit d'interposer entre lui et elle. Le lien entre acte sexuel et acte fécondant est ainsi dénié, frappé d'interdit. Celui qui ose transgresser cet interdit en éjaculant dans le vagin de sa partenaire est considéré, en fonction de cette nouvelle morale sexuelle, comme un être dangereux et irresponsable à fuir. C'est probablement pour cela que les jeunes hommes refoulent actuellement leur désir d'enfant et le dissimulent derrière leur désir sexuel. Ce désir, devenu inconscient, se manifeste pourtant dans des actes manqués concernant l'usage du préservatif comme moyen contraceptif : il protège très bien (?) contre le virus du Sida, mais très mal contre les spermatozoïdes.

### LE DEVENIR PÈRE

Lorsqu'un couple se constitue et qu'une vie commune s'instaure entre un homme et une femme, la conception d'un enfant est rarement considérée comme un objectif prioritaire. Les conjoints ont toujours de bonnes raisons de retarder la procréation d'un enfant : études prolongées, chômage, instabilité professionnelle, difficultés financières, etc..., mais les véritables causes de ce retard sont d'ordre psychologique et sont inconscientes. Le jeune homme et la jeune fille sont restés dépendants affectivement et matériellement de leur famille d'origine et n'arrivent pas à abandonner leur statut d'enfant pour devenir parents à leur tour. Dans d'autres cas, ils se sont détachés de leur famille, mais ils ont établi entre eux une relation symbiotique et narcissique, fermée sur elle-même, qui ne laisse aucune place à l'enfant à naître. Dans de tels couples, l'homme et la femme sont l'un pour l'autre, à la fois le conjoint, le parent et l'enfant.

Si la vie du couple se prolonge, le désir d'enfant refoulé va se manifester, tôt ou tard, à la conscience de l'un des conjoints. Il est le plus souvent éprouvé en premier par la femme. C'est elle qui va éveiller ou réveiller le désir d'enfant de son compagnon. L'homme jeune renonce plus difficilement que sa compagne à son confort psychologique d'homme-enfant. Il éprouve autant de difficulté à faire une place dans son cœur pour l'enfant à naître qu'il en éprouve à se décider à épouser celle qu'il aime. Devenir père entraîne inéluctablement un changement de statut familial devant lequel de nombreux hommes reculent actuellement. L'homme qui devient père doit, en effet, renoncer à être l'enfant narcissique ou œdipien de son épouse, se situer vraiment comme le conjoint de sa compagne et enfin, prendre la succession de son père en repoussant celui-ci dans la position de grand-père.

Quand il y a procréation, les relations avec la famille d'origine sont désinvesties, l'homme et la femme surinvestissent leur relation conjugale et leur désir d'enfant se manifeste comme ouverture et triangulation de la double liaison qui les fixait l'un à l'autre et à leur famille d'origine.

Devenir père demande du temps, il faut souvent plus de neuf mois à un homme pour se transformer en père ! Quand une femme annonce à son conjoint qu'elle attend un enfant de lui, il est d'abord incrédule. Même s'il n'a aucune raison de douter de la fidélité de sa conjointe, il imagine qu'elle est enceinte d'un autre qu'il croit être plus apte que lui à exercer la fonction de père et il se sent jaloux sans oser le dire. Cette annonce peut aussi réactiver chez certains hommes une angoisse de castration et même, comme chez Luc, une angoisse de mort. Le futur père peut alors réagir sur un mode phobique et avoir envie de fuir et d'abandonner sa compagne. D'autres deviennent impuissants, la présence d'un embryon dans le ventre de leur conjointe les angoisse et les inhibe sexuellement. D'autres, plus hystériques que phobiques, réagissent en s'identifiant à leur compagne enceinte, en ayant, comme elle, des malaises et le ventre qui gonfle. Cette grossesse nerveuse masculine est appelée la couvade. Au moment de l'accouchement, ces pères tombent en syncope à l'apparition du nouveau-né. Quelques mois après la naissance, la plupart des pères ont accepté la triangulation de leur relation conjugale, ils reconnaissent la présence du bébé et l'adopte comme leur enfant. Cependant, certains, comme Luc, se replient sur eux-mêmes et s'enferment dans un statut narcissique d'éternel adolescent, d'autres, comme Denis, sont jaloux de l'enfant et désirent inconsciemment sa mort.

## LES PÈRES NARCISSIQUES

Beaucoup d'hommes rêvent de rester jeunes indéfiniment, d'être d'éternels adolescents. Ils n'acceptent aucune contrainte, aucun engagement durable, ils veulent rester libres et indépendants, même lorsqu'ils vivent en couple. Pour ne pas perdre leur compagne et par intérêt, ils se résignent, comme Luc, à l'épouser et même à lui donner un enfant, mais ils le font en se forçant, sans le désirer vraiment. Lorsque l'enfant naît, ils ne peuvent lui céder leur place et se replient sur eux-mêmes dans une attitude d'enfant boudeur. Ils ne deviennent jamais père à un niveau symbolique et restent attachés à leur statut d'enfant narcissique. Leur femme se retrouve ainsi, après l'accouchement, avec deux enfants sur les bras. Ces pères narcissiques se situent en rivaux de leur enfant par rapport à leur épouse-mère. Pour la punir de leur préférer le bébé et se rassurer sur leur pouvoir de séduction, ils n'hésitent pas à avoir des aventures extra-conjugales. Quand l'enfant grandit et qu'il est un garçon, le père veut être son meilleur copain, comme s'il cherchait à s'identifier à lui, comme s'il voulait en faire son frère cadet. Quand le garçon devient un adolescent, le père s'intéresse à ses copines. Il n'est pas rare que, tenté par le démon de midi, il quitte son épouse pour recommencer une autre vie avec une jeune femme en âge d'être sa fille, ce qui lui donne l'illusion d'être aussi jeune qu'elle.

Comme Hervé Bazin, l'homme narcissique peut même être tenté par le démon de minuit lorsqu'il devient grand-père. Il quitte alors sa deuxième épouse, jugée par lui trop vieille, pour former un troisième couple avec une jeune fille en âge d'être sa petite-fille. Ces hommes narcissiques n'ont jamais accepté de devenir des adultes, ni d'assumer leur responsabilité d'époux et de pères, ils ont vécu toute leur existence dans l'illusion d'être éternellement jeune et dans l'angoisse de vieillir. Ils sont restés fixés à leur statut d'enfant égocentrique. Le monde autour d'eux a pu changer, mais eux ne changent pas. Ils mourront sans renoncer à leur illusion d'être le pivot autour duquel doit tourner le monde.

## LES PÈRES JALOUX

L'homme devient père en adoptant l'enfant que sa femme lui donne et en le reconnaissant comme étant le sien. Le lien de filiation père-fils ou fille est un lien symbolique de reconnaissance qui s'inscrit dans l'acte de naissance et se traduit par la transmission à l'enfant du nom de son père, que celui-ci soit le père biologique ou pas. Quand l'épouse est mère célibataire, son mari doit, de la même façon, légitimer et reconnaître comme sien les enfants déjà nés. Quand l'épouse a des enfants d'un mariage précédent et qu'elle en a la garde, son mari doit se considérer comme leur père d'adoption, les soigner et les éduquer comme s'ils étaient les siens. Devenir père des enfants de sa conjointe est un acte de volonté et ne correspond pas toujours à un désir d'avoir une descendance. La reconnaissance de paternité est imposée par la loi, l'homme s'y soumet nécessairement mais souvent sans enthousiasme. Pour que l'enfant soit vraiment adopté et reconnu par son nouveau père il faut qu'une relation intersubjective s'établisse entre eux, avec un investissement affectif positif de part et d'autre. Pour cela, le père et l'enfant doivent s'accepter et s'aimer tels qu'ils sont, avec leurs qualités et leurs défauts et ne pas rechercher en l'autre l'enfant idéal ou le père idéal dont ils ont toujours rêvé. Quand un enfant est accueilli par son nouveau père, alors qu'il a dépassé l'âge du complexe d'Œdipe, c'est à dire cinq ans, il y a très souvent des réactions de jalousie qui correspondent, des deux côtés, à une réactivation du complexe d'Œdipe. Du côté du père, cela se manifeste le plus souvent par de la violence en paroles et en gestes. Le père veut corriger l'enfant qu'il estime mal élevé et n'hésite pas à le frapper pour qu'il se conforme au modèle éducatif qu'il lui impose. Si la mère ne s'interpose pas suffisamment et ne parvient pas à arrêter les combats en triangulant leurs relations avec elle et entre eux, ceux-ci s'amplifient jusqu'à la réaction de rejet total, de part et d'autre. On constate très souvent que les pères jaloux et violents ont eu eux-mêmes des pères jaloux et violents. Quand un père n'a pas été aimé par son père et n'a pas pu résoudre son complexe d'Œdipe, il ne peut pas aimer correctement ses enfants, ni se reconnaître positivement en eux, ni leur permettre de résoudre, à leur tour, leur complexe d'Œdipe.

# 5 - IMPUISSANCE ET FRIGIDITÉ

## CAS N°10

# Le mariage qui rend impuissant

### *Exposé du cas*

*Paul, trente ans, est ingénieur. Il est issu d'une famille bourgeoise traditionnelle. Son père était lui-même ingénieur, sa mère s'est consacrée à l'éducation de ses trois enfants. Le père est décédé et ses deux frères, restés célibataires, vivent toujours avec la mère dans la maison familiale. Paul a quitté sa famille en entrant dans son école d'ingénieurs. Pendant ses études, il a rencontré sa future femme, d'origine modeste, qui faisait des études pour devenir enseignante. Ils ont vécu en concubinage pendant cinq ans, jusqu'à la naissance de leur premier enfant. Ils étaient alors très heureux ensemble et avaient des rapports sexuels fréquents et satisfaisants. Les parents de Paul ont fait pression sur lui, après la naissance du bébé, pour qu'il épouse sa compagne et qu'il y ait un contrat de mariage entre eux. Son père est mort quelques mois après le mariage, alors que son épouse était enceinte d'un deuxième enfant. Peu de temps après le mariage, Paul est devenu progressivement impuissant. Depuis trois ans, il n'a pratiquement plus de relations sexuelles avec son épouse. Celle-ci ne s'en plaint pas, elle lui reproche seulement de ne penser qu'à son travail et de ne pas consacrer suffisamment de temps à elle et aux enfants. Paul me consulte parce qu'il craint que son épouse, insatisfaite sexuellement, cherche un amant et l'abandonne.*

*Paul me dit, dès la première consultation, qu'il est impuissant parce qu'il a dû épouser sa femme sous la contrainte de ses parents. Dès qu'il a été marié, les relations sexuelles sont devenues un devoir et n'ont plus été, pour lui, un plaisir. Depuis son mariage, la vie conjugale lui paraît triste et monotone, il a l'impression qu'il n'y a plus d'amour entre lui et son épouse, qu'ils vivent ensemble seulement par habitude, comme c'était le cas pour ses parents. Paul pense que, dans sa famille d'origine, tout le monde était inhibé sexuellement, il pense que ses frères sont certainement impuissants et n'ont jamais eu de relations sexuelles, il serait comme eux, s'il n'avait pas quitté la maison familiale. Paul me consulte à l'insu de son épouse, il n'a jamais osé lui parler de la disparition de son désir sexuel ni de l'interprétation qu'il en donne. Quand elle lui manifeste son désir d'avoir des rapports sexuels, il dit qu'il est trop fatigué et elle n'insiste pas. Sur mon conseil, Paul dit à son épouse qu'il entreprend une psychothérapie avec moi et lui parle de son impuissance. Il y a alors reprise du dialogue entre eux et reprise de contacts physiques, mais sans coït.*

*Au bout de trois mois de psychothérapie, Paul est toujours impuissant, il a alors l'idée de proposer un contrat à son épouse : il lui accorde le droit de prendre un amant, à condition qu'elle ne se sépare pas de lui et continue de s'occuper des enfants. Paul se sent aussitôt libéré de ce qu'il considérait comme son devoir conjugal et éprouve à nouveau des désirs sexuels. Auparavant, il se sentait coupable de ne pas satisfaire sexuellement son épouse, dorénavant, ce sera elle qui se sentira coupable si elle use du droit qu'il lui a accordé, il sera alors heureux de lui pardonner. Elle n'a pas eu à le faire, car l'inhibition sexuelle de Paul a disparu et les rapports sexuels ont repris entre eux, comme avant. Paul n'a pas poursuivi sa psychothérapie. Je ne l'ai jamais revu.*

## Analyse psychologique

### HISTOIRE FAMILIALE DE PAUL

Paul est issu d'une famille bourgeoise traditionnelle. Son père a consacré sa vie à son travail et à la gestion de son patrimoine, il s'est peu intéressé à son épouse et à ses fils. Avant de mourir, il veut que Paul régularise sa situation matrimoniale, qu'il épouse la mère de son enfant, mais avec un contrat, pour qu'elle ne puisse pas jouir des biens que Paul héritera de lui après sa mort. La mère de Paul, plus mère qu'épouse, a consacré sa vie à ses enfants et ceux-ci sont restés très proches d'elle, le père ne s'est jamais interposé entre elle et eux. Paul, qui est le benjamin, a été pendant toute son enfance et son adolescence en relation de rivalité avec ses frères, chacun cherchant à être le fils préféré de la mère. La fixation œdipienne des fils à leur mère jusqu'à l'âge adulte n'a été possible, dans cette famille traditionnelle, qu'au prix d'une inhibition complète des pulsions sexuelles et d'un refoulement des désirs érotiques.

### SA VIE EN CONCUBINAGE

En quittant sa famille, Paul rompt avec elle. Il décide de vivre autrement et de faire enfin ce qu'il veut sans rendre de compte à personne. Son inhibition sexuelle disparaît rapidement lorsqu'il rencontre celle qui deviendra sa femme, il a aussitôt ses premiers rapports avec elle. Le plaisir sexuel est pour lui un plaisir interdit, il le vit comme transgression de la morale puritaine de sa famille. Quand il fait l'amour, il s'imagine que ses parents, s'ils le voyaient faire, seraient furieux et ses frères jaloux, son désir en est décuplé. Paul ne m'a donné aucun renseignement biographique sur son épouse, mais, en me référant à son comportement à partir de leur première rencontre, j'ai supposé qu'elle était très proche psychologiquement de sa mère. Très rapidement, l'aventure sexuelle se transforme en liaison durable : Paul et son amie décident de louer ensemble un appartement. Pour Paul, son amie sera le seul et unique objet d'amour et lui aussi pour elle. Sans en avoir conscience, Paul s'installe en très peu de temps dans une vie conjugale durable. Croyant s'opposer à ses parents et mener une vie différente de la leur, il répète, en fait, à son insu, ce que son père et sa mère ont certainement vécu à son âge. Paul a besoin de croire qu'il est en conflit avec ses parents et de refuser le mariage pour soutenir son désir sexuel qui est essentiellement un désir de transgresser, un désir coupable. En cela, Paul est un obsessionnel, comme Denis (cas n°9).

## SON MARIAGE QUI LE REND IMPUISSANT

Quand Paul décide de se marier, il cède à la pression de ses parents et accepte de rentrer dans le rang. Le contrat de mariage signifie qu'il se soumet à nouveau à la loi du père et qu'il réintègre sa famille d'origine, en faisant passer l'intérêt de celle-ci avant l'intérêt de son épouse. Paul renie ainsi le contrat d'amour qui le reliait à sa femme depuis leur première rencontre. Le désir sexuel se transforme en devoir conjugal, l'institution du mariage et ses obligations remplace le concubinage par amour. Le travail professionnel servira d'alibi à un désinvestissement progressif de la relation conjugale. Quand son père meurt, Paul est propulsé, tout d'un coup, sans l'avoir voulu, en position de père. La deuxième grossesse de sa femme, qui devient ainsi de plus en plus mère et de moins en moins épouse, accentue encore son impression d'avoir pris la place de son père et d'avoir une femme qui a pris pour lui la place de sa mère. Faire l'amour avec elle, c'est devenu réaliser le fantasme œdipien de son enfance. C'est pourquoi, il devient impuissant.

## SA PSYCHOTHÉRAPIE

Paul ne me consulte pas parce qu'il est impuissant, mais par ce qu'il craint que son épouse rencontre un homme qu'elle aime plus que lui et qu'elle l'abandonne. Aucun fait réel ne justifie ses craintes, mais il se sent jaloux d'avance. Paul a l'impression que son épouse ne lui manifeste plus beaucoup d'affection et de désir, l'éducation des enfants et les soins du ménage l'occupe complètement, comme lui l'est par son travail professionnel. Paul regrette l'époque heureuse du début de leur liaison, il se demande s'ils peuvent encore s'aimer et être heureux comme autrefois. Ce qui les réunit encore, ce sont les enfants, les habitudes et la vie matérielle, comme c'était le cas pour ses parents. Paul rêve parfois d'une aventure amoureuse extra-conjugale pour se prouver qu'il peut encore avoir des désirs et du plaisir sexuel avec une femme.

A la fin de la première consultation, je propose à Paul une sorte de contrat thérapeutique. Qu'il brise la loi du silence qui régit maintenant ses relations conjugales comme elle régissait les relations de ses parents entre eux. Qu'il annonce à son épouse qu'il a décidé de s'engager dans une psychothérapie et qu'il lui avoue son absence de désir sexuel et son manque d'amour. En posant ces conditions préalables, je souhaite faire comprendre à Paul que la guérison de son symptôme implique la reprise d'un dialogue de vérité entre son épouse et lui et la recherche en commun d'une solution à la crise qu'ils traversent. Les relations conjugales s'améliorent rapidement, mais l'impuissance subsiste.

Paul a alors l'idée de proposer à sa femme un nouveau contrat de vie conjugale qui annule le contrat de mariage et ses effets négatifs sur leur vie amoureuse. Il lui rend sa liberté sexuelle, puisqu'il ne peut pas la satisfaire lui-même, mais, en contre-partie, Paul lui demande de s'engager à ne jamais se séparer de lui et à continuer à bien s'occuper des enfants et de la maison. C'est un contrat névrotique, la mise en scène de son fantasme œdipien. Pour que sa femme devienne à nouveau objet de désir pour lui et qu'il ne soit plus impuissant, il a besoin d'imaginer qu'elle est une femme libre et désirable tout en restant une épouse et une mère. Paul, en bon obsessionnel, veut concilier dans son contrat deux exigences contradictoires. Sa femme doit s'engager à rester une bonne épouse et une bonne mère, mais, en même temps, se comporter comme une femme infidèle ou une prostituée, en ayant des relations sexuelles avec des hommes qu'elle ne doit pas aimer. Ce contrat manifeste le caractère froid et calculateur de Paul ainsi que son égocentrisme. A aucun moment, il ne se préoccupe de ce que son épouse peut désirer, il n'a pas conscience de la faire souffrir et de l'humilier en lui dictant ainsi sa conduite.

Dès qu'il retrouve sa puissance sexuelle, Paul met fin à sa psychothérapie, sans respecter son contrat thérapeutique, alors que son complexe d'Œdipe réactivé est loin d'être résolu et que les relations qu'il a avec son épouse sont toujours œdipiennes et pas encore intersubjectives. Il est probable que Paul est redevenu ultérieurement impuissant avec son épouse et que celle-ci s'est consolée de son manque d'amour en investissant affectivement ses enfants, comme sa belle-mère l'avait fait à la génération précédente.

## CAS N°11
# Une femme guérie de sa frigidité par un prêtre

### *Exposé du cas*

*J'ai suivi Juliette en psychothérapie au cours des années 60. Quand elle me consulte, elle a trente-cinq ans, mariée depuis dix ans, elle se consacre à l'éducation de ses cinq enfants. Elle et son mari donnent l'impression aux autres d'être un couple parfait, ils ne se disputent jamais et élèvent bien leurs enfants. Ils sont très actifs et idéalistes, ils militent dans un mouvement confessionnel. Juliette et son mari sont issus de familles catholiques traditionnelles et sont eux-mêmes des chrétiens convaincus. Juliette se sent déprimée et angoissée depuis quelques semaines et fait des crises nerveuses qui inquiètent son mari. Elle pleure souvent, dort mal et à perdu l'appétit. Juliette n'a plus de rapports sexuels avec son mari depuis plusieurs mois, elle n'en n'a jamais eu beaucoup et n'a jamais eu d'orgasmes. Son mari, de son côté, est souvent impuissant et souffre d'éjaculation précoce. Juliette n'a pas eu de relations sexuelles avant son mariage, son mari non plus. À la suite d'une question que je lui pose sur sa vie amoureuse, Juliette me confie un secret et me fait promettre de ne rien révéler à son médecin généraliste qui me l'a adressée. Elle a trompé récemment son mari avec un ami de la famille et elle, qui n'avait jamais éprouvé de plaisir sexuel, en a éprouvé beaucoup avec son amant et elle aurait bien voulu que ça dure. Malheureusement pour elle, cet ami est un prêtre. Dès qu'il a senti qu'elle s'attachait à lui et qu'elle l'aimait, il a espacé ses visites et a demandé à son évêque de le muter ailleurs. Depuis quelques semaines, Juliette n'a plus aucun contact avec lui. Elle sait qu'elle est déprimée parce que son amant l'a abandonnée, mais ne peut le dire à personne. Elle me demande de l'aider à l'oublier.*

*Au cours de sa psychothérapie, qui a duré un an , Juliette prend conscience qu'elle aime toujours son mari, mais qu'elle ne supporte plus son impuissance et ses éjaculations précoces. Elle le supportait auparavant parce qu'elle était elle-même frigide. Pendant des années, elle a été angoissée et a vécu dans la hantise d'une nouvelle grossesse, quand son mari tentait d'avoir un rapport sexuel avec elle, du fait de l'absence de contraception efficace. À cette époque, les catholiques pratiquantes ne prenaient pas la pilule. Juliette explique ainsi son inhibition sexuelle et celle de son mari. Elle veut maintenant avoir une vie sexuelle heureuse avec lui. Avec l'accord de son mari, elle décide, pour cela, de se faire ligaturer les trompes. Lui, de son côté, consulte un sexologue qui lui apprend à contrôler ses éjaculations. Avec dix ans de retard, Juliette et son mari débute une vie sexuelle régulière et satisfaisante. Elle lui révèle alors son infidélité et l'identité de son séducteur. Finalement, Juliette ne regrette pas d'avoir commis cette «heureuse faute» qui lui a permis de découvrir un plaisir et un bonheur qu'elle ignorait, son mari non plus...*

## Analyse psychologique

### UNE DÉPRESSION ANXIEUSE TYPIQUE

Juliette souffre de symptômes bien caractérisés, très souvent mis en évidence chez les patientes d'un psychiatre libéral. Le diagnostic habituellement posé dans un tel cas est celui de dépression anxieuse et de spasmophilie. Si je n'avais pas été un psychanalyste et si je n'avais pas su établir avec Juliette une relation de confiance, elle ne m'aurait pas parlé de son secret ni de sa frigidité, ses troubles auraient été considérés comme la conséquence du stress ou de la fatigue et elle aurait été renvoyée à elle-même avec une ordonnance à renouveler de trois médicaments :

- un antidépresseur pour traiter son symptôme dépressif,
- un tranquillisant pour traiter son symptôme anxieux,
- du magnésium pour traiter sa spasmophilie.

La souffrance morale de Juliette, non reconnue, aurait persisté et les symptômes qui l'exprimaient se seraient maintenus malgré le traitement prescrit ou d'autres seraient apparus. Le magnésium n'aurait pas guéri ses crises nerveuses qui étaient en fait des crises hystériques causées par la frustration sexuelle. Il est bien probable que Juliette, se sentant incomprise, se serait alors réfugiée dans la maladie et la dépression chronique. Le psychiatre analyste ne s'intéresse pas aux symptômes objectifs présentés par son patient parce qu'ils sont pour lui des signes qui renvoient à autre choses qu'eux-mêmes. Il ne cherche pas à les faire disparaître, mais à comprendre ce qu'ils signifient pour celui qui en souffre. Son attention se porte donc sur son patient en tant que sujet qui cherche à exprimer sa souffrance ou son malheur à travers ses symptômes. Il l'aide à rechercher, dans son histoire personnelle, les causes et la signification de sa maladie. Celles-ci sont parfois connues mais dissimulées, comme c'était le cas pour Juliette, le plus souvent, elles sont inconscientes. Lorsqu'il s'agit d'une patiente hystérique, comme l'était Juliette, il est nécessaire de s'intéresser à sa vie sexuelle et amoureuse, mais de le faire en position d'analyste, sans rentrer dans le jeu de séduction de la patiente, comme l'a fait le prêtre et comme le font certains médecins pervers, prompts à consoler les femmes malheureuses.

### SÉDUITE ET ABANDONNÉE

Juliette n'a jamais eu d'orgasme avant de rencontrer son séducteur-initiateur. Elle souffre d'une frigidité primaire et son mari est pratiquement impuissant, elle en a plus ou moins conscience depuis leur premier rapport sexuel, mais elle ne s'en est jamais plainte ; ni elle, ni son mari, n'ont cherché à trouver une solution à cette grave mésentente sexuelle. Quand elle rencontre son ami prêtre, Juliette souffre, sans le comprendre vraiment, de frustration sexuelle, il est le premier à détecter son mal et à lui proposer le remède qui lui convient. Juliette ne souffre pas seulement de ne pas avoir de vie sexuelle, mais aussi de manque d'amour, c'est pour cela qu'elle tombe aussitôt amoureuse de son initiateur. Pour elle qui est restée fixée à la troisième phase de son complexe d'Œdipe, le prêtre incarne à la fois son père et Dieu le père, elle réalise avec lui une sorte d'inceste sacré, en toute inconscience, sans réticence, ni culpabilité, parce qu'il éveille en elle un désir très fort et qu'il l'encourage, par son exemple, à transgresser tout interdit. Elle s'est sentie pleinement heureuse avec lui, mais son bonheur n'a pas duré. Comme Don Juan et tous les séducteurs, le prêtre ne supporte pas que Juliette s'attache à lui et qu'elle attende qu'il l'aime en retour. Pour lui, leur liaison doit rester discrète et secrète, strictement limitée au plaisir érotique, il n'a aucune envie de perdre les avantages de sa fonction à cause d'elle.

Juliette tombe malade lorsqu'elle comprend que son amant n'est qu'un vulgaire séducteur qui ne l'a jamais aimée malgré ses belles paroles et qui a abusé de sa candeur. Sa souffrance est celle de la femme abandonnée par celui qu'elle aime. Elle l'a aimé comme l'incarnation de Dieu le père, alors qu'il n'était qu'un « suppôt de Satan », un Tartuffe, se dissimulant sous le masque de la religion pour séduire ses victimes. La déception et la souffrance de Juliette sont à la mesure de son bonheur de quelques jours. Non seulement elle perd son amant, mais aussi, avec lui, toute la confiance qu'elle a mise, depuis son enfance, dans les prêtres et dans l'enseignement moral et religieux reçu d'eux. Pour Juliette, c'est tout à coup l'angoisse du vide, comme si le sol se dérobait devant elle, et que le ciel s'obscurcissait brutalement. Elle se sent trahie par son ami prêtre mais aussi par tous les prêtres qu'elle a connus antérieurement. Ils deviennent tous pour elle des hypocrites, des « sépulcres blanchis » et la religion catholique une imposture. Juliette souffre d'avoir perdu celui qu'elle aimait, mais elle ne peut se plaindre à personne, surtout pas à son mari, elle se sent maintenant coupable de trahison à son égard. Elle souffre aussi de violents désirs sexuels qu'elle ne parvient pas à réprimer et qui s'expriment, malgré elle, sous forme de crises nerveuses. Juliette convertit son malaise existentiel en symptôme socialement et médicalement bien considérés : la dépression et la spasmophilie, elle recherche auprès d'un psychiatre le réconfort moral dont elle a besoin. Juliette est cependant devenue méfiante et ne le fait qu'après s'être assurée que ce psychiatre n'abusera pas de sa confiance.

## LA PSYCHOTHÉRAPIE

Juliette fait rapidement le deuil de son amant, il ne mérite pas qu'elle soit malheureuse à cause de lui. Elle remet en cause l'éducation morale et religieuse qu'elle a reçue et les interdits de l'église catholique concernant la contraception, mais elle garde sa croyance en Dieu le père et Jésus son fils. Juliette se rend compte qu'elle aime toujours son mari et regrette qu'ensemble ils se soient privés, depuis plus de dix ans, des plaisirs de l'amour, du fait de leur soumission à l'autorité du pape et de ses représentants. Avec l'accord de son mari, Juliette décide de régler définitivement ses problèmes de contraception en se faisant ligaturer les trompes. Elle ne veut plus être angoissée au moment du coït par la crainte d'une grossesse non désirée. Elle estime qu'en ayant mis au monde et élevé cinq enfants, elle a suffisamment rempli son devoir de mère. Juliette se rapproche de plus en plus de son mari. Ils discutent ensemble de leurs problèmes existentiels, ce qu'ils n'avaient jamais fait auparavant. Ils se rendent compte qu'ils ont reçu la même éducation et qu'ils étaient inhibés sexuellement et affectivement pour les mêmes raisons. Ils critiquent l'un comme l'autre leur conception passée de la vie conjugale et décident de rejeter définitivement la morale sexuelle de l'église catholique qui ne correspond plus du tout à leur conception de la vie en couple. Ils passent d'une relation œdipienne avec inhibition sexuelle réciproque à une relation d'amour intersubjective, en rompant totalement la relation de subordination et de dépendance qu'ils avaient gardée l'un et l'autre avec leur famille et l'institution religieuse. Juliette et son mari se sentent maintenant libres, indépendants et heureux, sans en être coupables. L'attitude perverse et hypocrite de leur ami prêtre les a certainement aidés à se débarrasser des interdits sexuels qu'ils s'imposaient, en les libérant eux-mêmes de tout scrupule religieux.

A la fin de sa psychothérapie, Juliette se sent bien physiquement et moralement. Elle se situe comme une femme adulte désirante, comme une épouse et comme une mère, mais ne veut plus être une enfant ni une chrétienne soumise à une quelconque autorité paternelle ou religieuse. Elle a compris que sa frigidité est la conséquence des interdits sexuels qu'elle et son mari se sont imposés et qu'elle a été aggravée par une contraception inefficace : la méthode des températures. Lorsque ces deux problèmes ont été résolus, Juliette et son mari ont pu établir entre eux des rapports sexuels satisfaisants. Elle n'a jamais éprouvé le besoin de m'en parler plus précisément. Sa frigidité n'était pas un symptôme sexuel mais seulement le signe d'une inhibition psychique. C'est souvent le cas.

## L'inhibition sexuelle d'origine psychique

L'impuissance et la frigidité sont souvent les signes d'une inhibition sexuelle d'origine psychique, Juliette et Paul ne sont pas des cas exceptionnels. Cette inhibition sexuelle se manifeste aussi bien chez les hommes que chez les femmes, chez les célibataires que chez les personnes mariées. Elle peut revêtir diverses formes cliniques, être plus ou moins complète. Elle est caractérisée par une absence de désir et de plaisir sexuel associée le plus souvent à une absence d'activité sexuelle : pas de rapports hétéro- ou homosexuels, pas même de masturbation. L'inhibition sexuelle n'est pas vraiment un symptôme, le sujet inhibé sexuellement semble ne pas en souffrir et ne s'en plaint pas, il ne s'engage pas dans une psychothérapie pour ce motif, mais plutôt parce qu'il est déprimé comme Juliette ou parce qu'il craint que son épouse l'abandonne comme Paul. L'inhibition sexuelle est devenue honteuse et inavouable, il n'en a pas toujours été ainsi. Elle a été considérée pendant des siècles par l'Eglise catholique comme un idéal de sainteté pour les moines, les prêtres, mais aussi pour les gens mariés, leur activité sexuelle devant se limiter à la fonction reproductrice, la recherche du plaisir en soi étant un péché. Actuellement, l'inhibition sexuelle est encore acceptée comme un sacrifice nécessaire par tous ceux qui se consacrent corps et âme à une tâche valorisante : les artistes, les savants et aussi tous les « cadres dynamiques et hyperstressés » qui, eux, ne s'en vantent pas. D'autres subissent cette inhibition du fait de leur situation de chômeurs, d'exclus, de malades ou d'infirmes. Lorsqu'un patient en psychothérapie analyse son inhibition sexuelle, celle-ci apparaît le plus souvent comme la résultante d'un conflit inconscient entre forces contradictoires : une pulsion sexuelle issue du ça qui se heurte à un interdit provenant du surmoi. Cet interdit est habituellement celui de l'inceste, tout partenaire sexuel, étant considéré par le sujet inhibé comme une réincarnation du parent aimé et désiré au moment du complexe d'Œdipe. L'inhibition qui correspond à un rapport de force défavorable à la pulsion sexuelle disparaît instantanément lorsque ce rapport se modifie. Il suffit qu'un séducteur se présente et suscite un désir sexuel plus fort que l'interdit qui le frappait ou que cet interdit disparaisse pour qu'un passage à l'acte se produise et que l'inhibition soit levée. L'inhibition sexuelle peut aussi être la conséquence d'un traumatisme psychosexuel subi au cours de l'enfance dont le souvenir a été refoulé. Elle peut enfin résulter de la sublimation de la libido qui s'est investie totalement dans une activité valorisante, dans un idéal à incarner. A tout moment, en fonction des sollicitations extérieures, l'objet idéal peut être désinvesti et la libido libérée se fixer sur un objet de désir plus attractif. A partir du cas de Juliette et de Paul, je vais décrire deux formes cliniques d'inhibition sexuelle :

- une inhibition sexuelle primaire par soumission passive à la morale sexuelle de l'Eglise catholique,
- une inhibition sexuelle secondaire due à la réactivation du complexe d'Œdipe à l'âge adulte.

## L'INHIBITION SEXUELLE PRIMAIRE

A l'approche de l'an 2000, l'inhibition sexuelle causée par des interdits sexuels religieux paraît anachronique, pourtant le psychothérapeute que je suis est encore sollicité par des Juliette, des prêtres ou des femmes célibataires juives ou musulmanes qui découvrent, pour la première fois, les plaisirs de l'amour après trente ou quarante ans d'inhibition de leur fonction sexuelle et qui en sont perturbés. Dans son enseignement moral, l'Eglise catholique et son pape actuel imposent toujours aux prêtres le célibat et l'abstinence sexuelle pendant toute leur vie et, aux chrétiens mariés, une abstinence périodique. Le désir sexuel et la recherche du plaisir sont toujours diabolisés et considérés comme des tentations auxquelles le chrétien doit résister. Au plaisir sexuel, il doit préférer le bonheur éternel de l'au-delà. Pour y parvenir, il faut que le chrétien sublime ses pulsions sexuelles en s'identifiant à Jésus, il devient ainsi, comme lui, fils de Dieu et de Marie, sa mère et la mère de tous les chrétiens, que les papes récents ont pratiquement divinisée.

Dans sa vie conjugale et familiale, le catholique marié est invité à prendre comme modèle les trois personnes de la Sainte Famille : Jésus, Marie et Joseph. Joseph et Marie n'ont jamais eu de rapports sexuels entre eux, même pas pour concevoir Jésus, puisque celui-ci l'a été « par l'opération du Saint-Esprit ». Joseph s'est effacé rapidement en mourant, Marie et Jésus ont alors formé un couple de type œdipien, inséparable jusqu'au pied de la croix. Bien qu'entouré de nombreuses femmes pendant toute sa vie publique, Jésus a vécu jusqu'à trente-trois ans sans avoir de vie sexuelle. Avant Kazantzaki et Scorcese, personne n'avait osé imaginer qu'il ait pu avoir des désirs sexuels. Comme Jésus, Marie et Joseph et tous les saints reconnus par l'Eglise, le chrétien est invité à inhiber ses pulsions sexuelles et à investir toute sa libido dans un amour désexualisé de Jésus-Christ et de l'ensemble des êtres humains. Au moment de la crise d'adolescence, la plupart des garçons et des filles renoncent, ouvertement ou en secret, à leurs convictions religieuses et préfèrent la satisfaction sexuelle immédiate au bonheur des élus dans un autre monde. Ceux et celles qui s'engagent dans une vie religieuse subliment, en principe, pendant toute leur vie, leurs pulsions sexuelles et vivent ainsi en enfant de Dieu jusqu'à leur mort. D'autres, célibataires ou mariés, restent fixés aussi à cette conception idéaliste de la vie, ils ne se détachent jamais de leurs parents du ciel et de la terre et parviennent à refouler leurs désirs sexuels sans jamais les satisfaire durant toute leur existence, à moins qu'ils ne rencontrent un séducteur comme Juliette. Le prêtre, personnage sacré, consacré à Dieu, attire, plus que tout autre homme, une femme inhibée sexuellement. Si celui qui incarne Dieu sur terre cherche à la séduire, elle est sans défense par rapport à lui et ne résiste pas, Marie n'a pas résisté non plus à l'envoyé de Dieu qui l'a fécondée. Leurs relations sexuelles sont vécues, sur le plan psychologique, comme un inceste et produisent les mêmes effets destructurants.

## INHIBITION SEXUELLE SECONDAIRE PAR RÉACTIVATION DU COMPLEXE D'ŒDIPE

Comme Paul et ses frères, de nombreux hommes restent attachés à leur mère et sont de ce fait inhibés sexuellement tant qu'ils vivent auprès d'elle. Leur départ du foyer familial lève habituellement cette inhibition, mais leur complexe d'Œdipe n'est pas résolu pour autant. Il se réactive et les inhibe à nouveau sexuellement quand ils se marient et ont des enfants. A travers leur épouse, ils retrouvent leur mère, à la fois désirée et interdite sexuellement. Le plus souvent, ces hommes trouvent une solution à leur impuissance dans ce que Freud appelle, dans Vie Sexuelles (1), «le plus général des rabaissements de la vie amoureuse». Ils aiment leur épouse comme si elle était leur mère et lui manifestent affection et respect, mais ils ne peuvent pas avoir de rapports sexuels avec elle, leur désir a pour objet des prostituées ou des femmes notoirement infidèles.

Au dédoublement : femme objet d'amour – femme objet de désir, Freud fait correspondre deux types de liens amoureux : l'amour tendre qui dérive de l'amour maternel et l'amour sensuel qui dérive de la libido. Pour pouvoir désirer une femme, l'homme œdipien doit la rabaisser mais aussi susciter la jalousie des hommes qui l'environnent.

Paul a trouvé une solution plus originale, mais aussi plus compliquée pour lever son inhibition sexuelle, il a demandé à sa femme d'être à la fois son épouse et sa maîtresse. Si celle-ci a accepté de se prêter à ce jeu de séduction, elle a peut-être obtenu, dans un second temps, que Paul soit aussi pour elle un mari et un amant. Dans ce cas, une relation intersubjective s'est peut-être établie entre eux, ils ont alors été l'un pour l'autre sujet et objet de désir et d'amour et Paul a pu ainsi renoncer définitivement à l'amour de sa mère. Cette solution qui permet de concilier le désir et l'amour est celle qu'adoptent tous les couples qui résistent à l'usure du temps et aux sollicitations extérieures.

---

1 - Sigmund FREUD, *La vie sexuelle*, P.U.F., 1969, p. 69.

# 6 - INFIDELITE CONJUGALE

# CAS N°12
# **Un crime passionnel**

### ***Exposé du cas (extraits du rapport d'expertise mentale)***

## LES FAITS

*Le 13 février, Suzanne, cinquante-sept ans, tue son mari, pendant son sommeil, d'un coup de couteau de cuisine au cœur. Elle tente ensuite de se suicider, en se donnant plusieurs coups de couteau qui auraient pu être mortels et en avalant de nombreux comprimés de tranquillisants. Elle s'est réveillée auprès de son mari mort, 36 heures plus tard, et a aussitôt appelé sa fille mariée, en s'accusant de son crime et en lui demandant de prévenir la police.*

## BIOGRAPHIE

*Suzanne est la benjamine d'une famille de six enfants. Son père était ouvrier, sa mère commerçante. Elle a suivi des études primaires et aurait voulu faire un apprentissage de couturière, mais sa mère avait besoin d'elle pour la tenue du ménage. Son enfance et son adolescence se sont déroulées sans histoire. Les relations avec les parents et les frères et sœurs ont toujours été bonnes. Suzanne s'est mariée, à l'âge de vingt-deux ans, avec un artisan de son âge qui a été son premier et son unique amour. Ils ont vécu pendant plus de trente ans dans une maison qu'ils ont fait construire. Une fille est née l'année du mariage, un fils six ans plus tard. Suzanne, n'ayant pas d'activité professionnelle, s'est consacrée entièrement à son ménage, à son jardin et à l'éducation de ses enfants. Elle se serait toujours bien entendue avec son mari, sauf la dernière année. La fille a fait des études courtes, elle est employée administrative, mariée avec deux enfants, le fils est ingénieur, encore célibataire, il avait quitté ses parents un an avant les faits.*

## EXAMEN MEDICO-PSYCHOLOGIQUE

*Suzanne est de petite taille, mais de forte corpulence, elle est apparemment en bonne santé. Ses plaies sont bien cicatrisées et ne la font plus souffrir, elle n'en garde apparemment aucune séquelle. D'après ses dires, Suzanne n'a jamais présenté de symptômes pouvant faire évoquer une maladie mentale, elle n'aurait jamais consulté de psychiatre, ni fait de séjour en maison de santé. Elle n'aurait jamais fait d'abus d'alcool, ni de café, ni de tabac. Elle n'avait jamais fait de tentatives de suicide antérieurement. Pendant tout l'entretien, Suzanne s'exprime sans réticence, et reste calme, elle manifeste de l'émotion et du regret, demande à Dieu qu'il lui pardonne quand elle évoque son crime, mais ne perd jamais le contrôle d'elle-même. Elle se sent honteuse vis-à-vis de ses enfants, elle accepte à l'avance la peine qui lui sera infligée et reconnaît sa culpabilité, tout en disant, qu'au moment des faits, elle était dans un état second. Après son crime, Suzanne ne s'est pas déprimée.*

*Suzanne est d'intelligence moyenne, son niveau culturel est faible, elle ne lit pas, ne regarde pas la télévision et préfère tricoter ou jardiner. Elle allait souvent en visite chez sa fille, mais ne fréquentait pas ses voisins. Suzanne a mal supporté le départ définitif de son fils l'année précédente. Les dimanches, elle aimait accueillir ses enfants et se promener avec eux et son mari en forêt. Suzanne n'a jamais trompé son mari et lui a toujours été très attachée. Leur vie amoureuse a toujours été satisfaisante, leurs relations sexuelles régulières et fréquentes. Elle n'avait jamais pensé que son mari pourrait, un jour, s'éloigner d'elle et la tromper, il n'avait jamais été infidèle auparavant.*

## L'ENCHAÎNEMENT DES CIRCONSTANCES AYANT CONDUIT AU CRIME

*D'après ses dires, Suzanne constate un brusque changement dans le comportement de son mari après la fête patronale du 15 août de l'année précédente. Il rentre plus tard de son travail, ne lui parle plus, n'a plus de désirs sexuels, ni de gestes affectueux. Il refuse de s'expliquer et de reconnaître qu'il a une liaison. Un jour, il s'énerve et devient menaçant disant : « Je vais te tuer ! Je vais te tuer ! ». Elle lui répond : « Tue-moi, tu seras débarrassé de moi ! » Suzanne cherche à se confier à sa fille, mais celle-ci ne la croit pas, lui disant qu'elle se fait des idées. Elle se replie alors sur elle-même et se déprime. Sur le conseil de son mari, elle consulte un médecin généraliste qui constate son état dépressif et lui prescrit des médicaments. Suzanne n'ose pas lui parler de ce qui la préoccupe. Le médecin ne cherche pas à comprendre ce qui peut être à l'origine de sa dépression et n'estime pas utile de l'adresser à un psychothérapeute. Les soupçons de Suzanne se sont portés sur Madame X à partir de décembre, lorsque son mari est rentré à la maison avec cette femme qui le regardait comme une femme amoureuse. Malgré cela, Suzanne a accepté de partir huit jours chez sa fille sur le conseil de son mari. A son retour, elle a trouvé des traces de rouge à lèvres sur les draps, mais son mari a refusé de reconnaître que Madame X avait couché dans le lit conjugal. Il s'est alors moqué de Suzanne, la traitant de folle. En décembre et surtout en janvier, de très nombreux appels téléphoniques parviennent à la maison, lorsque son mari est là. Si elle décroche, l'appel est muet, cependant, à deux reprises, une femme lui a demandé de parler à son mari et elle a reconnu la voix de Madame X. A la même époque, Suzanne constate que son mari a aménagé sa camionnette en y mettant de la moquette, des rideaux et un portemanteau.*

*Pour pouvoir confondre son mari qui nie toujours les faits et lui refuse toute explication, Suzanne place un magnétophone près du téléphone, à l'insu du mari. C'est ainsi que le 13 février, vers 16 heures, elle réussit à enregistrer la conversation de son mari avec sa correspondante. Quand Suzanne prend connaissance du message, elle en est bouleversée et se dit à elle-même : « Mon mari me ment, il en aime une autre, j'en ai maintenant la preuve ! ». Suzanne fait cependant le repas et ne dit rien à son mari. Celui-ci mange comme d'habitude, sans lui adresser la parole et part se coucher, sans lui dire bonsoir. C'est alors que surgit en elle l'idée de le tuer et de se tuer. A aucun moment, elle n'a envisagé de s'en prendre à sa rivale.*

*Pendant plusieurs heures, jusqu'à minuit, Suzanne va mûrir son projet criminel. Elle est dans un état d'exaltation extrême. Elle griffonne un message d'explication dont j'ai pris connaissance. C'est un texte confus et incohérent, pourtant Suzanne n'avait pas bu, ni pris de médicament. Elle exprime des sentiments d'amour et de haine à l'égard de son mari, elle lui reproche surtout de ne pas reconnaître qu'il la trompe et de la traiter de folle.*

*Quand Suzanne s'est approchée de son mari, le couteau à la main, elle a d'abord voulu lui faire avouer son infidélité, lui demandant : « Pourquoi tu m'as menti ? ». Comme il ne réagissait pas, elle a pensé qu'il faisait semblant de dormir et refusait de lui répondre. Jusqu'à la dernière seconde, Suzanne a cru que son mari allait la retenir et lui demander pardon. Elle l'a frappé une seule fois au cœur et le coup a été aussitôt mortel. Il lui a serré la main gauche et lui a seulement dit avant de mourir : « Tu m'as donné un coup de couteau ! » Suzanne l'a alors embrassé et s'est donné plusieurs coups de couteau, au niveau de la poitrine et du cou, cherchant à rejoindre son mari dans la mort. Quand elle s'est rendu compte qu'elle ne mourrait pas ainsi, elle a absorbé tous les médicaments qui étaient à sa disposition et s'est recouchée près du cadavre de son mari, en plaçant le couteau sanglant entre eux.*

### LE VERDICT

*L'année suivante, Suzanne a été condamnée par la Cour d'Assises à une peine de six ans de prison. Elle a bénéficié de larges circonstances atténuantes.*

## Analyse psychologique

Comment expliquer qu'un mari fidèle, apparemment heureux avec son épouse, se laisse séduire à près de soixante ans par une jeune femme de l'âge de sa fille et traite sa femme avec tant de cruauté mentale ? Comment expliquer qu'une épouse aimante et non violente tue son mari et tente de se tuer d'une manière aussi sanglante ? Je le ferai en analysant ce fait divers comme un drame passionnel.

### UN COUPLE SANS HISTOIRE

Suzanne était une femme effacée, elle n'a jamais eu d'activité professionnelle. Son horizon se limitait à sa famille et à sa maison. Elle n'a aimé qu'un seul homme : son mari. Son bonheur était celui des siens, elle vivait à travers eux et n'aspirait à rien d'autre.

Le mari était surtout intéressé par son activité professionnelle. Suzanne était la seule femme de sa vie. Il était lié à elle par plus de trente ans de vie commune et par des habitudes jamais remises en question. S'il n'avait pas rencontré Madame X, Suzanne et lui seraient restés, jusqu'à leur mort, un couple sans histoire, comme bien d'autres.

Un couple sans histoire, comme le leur, est un couple en hibernation, dans lequel mari et femme n'échangent plus rien entre eux, ni avec leur entourage. Suzanne et son mari sont restés fidèles l'un à l'autre, pas vraiment par vertu, plutôt par résignation. Il n'y avait pas de conflits entre eux parce qu'ils les évitaient et qu'ils avaient chacun leur domaine réservé. Leurs relations étaient limitées et ritualisées : rapports sexuels réguliers, repas pris en commun, week-ends en famille, entretien de la maison et du jardin... Chacun vivait replié sur lui-même, il n'y avait plus depuis longtemps, de dialogue entre eux, ni de véritables échanges affectifs.

## L'IRRUPTION DE MADAME X ENTRE SUZANNE ET SON MARI

Madame X est une femme d'un autre type que Suzanne. Elle gagne sa vie et ne dépend de personne. Elle n'a pas supporté les contraintes de la vie conjugale et a divorcé peu de temps après son mariage, sans avoir eu d'enfant. Madame X a eu de nombreuses aventures amoureuses, sans pouvoir se fixer durablement à un conjoint. Entre le mari de Suzanne et elle, ce fut le coup de foudre. Madame X a dû penser très vite que le mari de Suzanne était l'homme qu'elle cherchait et que la place de Suzanne lui conviendrait bien. Elle a aussitôt fait pression sur son amant pour qu'il répudie son épouse et l'introduise dans sa maison et dans le lit conjugal. Madame X ne s'embarrasse d'aucun scrupule, elle arrive en conquérante dans la maison de Suzanne et la défie, elle exige et obtient que l'épouse légitime lui cède sa place pendant huit jours, elle la harcèle par téléphone, enfin, elle incite vraisemblablement son amant à ne plus lui adresser la parole, à ne plus avoir de contacts physiques avec elle et à tout faire pour qu'elle quitte les lieux. Madame X se comporte comme une femme possessive avec son amant, comme une femme jalouse avec Suzanne. Le mari se laisse séduire passivement, il est certainement flatté de plaire à une jeune femme séduisante qui lui dit et qui lui prouve qu'elle l'aime en voulant prendre aussitôt la place de Suzanne. Madame X est pour lui le démon de midi qui prend possession de son âme ou l'incarnation de Cupidon qui l'atteint au cœur en lui envoyant sa flèche d'amour. Le mari est immédiatement pris de passion pour cette femme, plus rien d'autre ne compte pour lui. Il devient sourd et aveugle à tous les appels de détresse de Suzanne. Madame X exerce sur lui un pouvoir quasi hypnotique, elle parvient à lui faire lâcher tous ses repères habituels et à le déstabiliser totalement. Il renie sa vie antérieure et devient agressif dès que Suzanne cherche à le ramener à la réalité. Il se comporte avec elle comme si elle n'existait plus pour lui, comme si elle était devenue une étrangère ou même une ennemie. Il la traite de folle, alors que c'est lui qui se conduit d'une manière déraisonnable et perverse. Madame X et le mari se comportent avec Suzanne comme des amants diaboliques, ils cherchent à se débarrasser d'elle en faisant tout pour qu'elle se déprime et se suicide, ils n'ont aucune pitié pour elle. Suzanne se rend compte, dès le 16 août, que son mari n'est plus le même, qu'il a perdu ses habitudes et ne s'intéresse plus à elle, ni à la maison. Elle suppose aussitôt qu'il est tombé amoureux d'une femme rencontré la veille et voudrait qu'il lui avoue. Suzanne n'est pas une femme jalouse et aurait certainement admis que son mari ait une aventure extra-conjugale, à condition que cela ne nuise pas à ses intérêts ni à ceux de sa famille. Pendant plusieurs mois, elle supporte patiemment la liaison de son mari, elle fait des concessions, acceptant même de laisser provisoirement sa place à sa jeune rivale, elle espère alors que son mari lui en saura gré plus tard. Quand elle se rend compte que son mari se détache d'elle et devient agressif à la moindre de ses remarques, Suzanne se décourage et se déprime. Son état s'aggrave lorsqu'elle fait part de ses soupçons à sa fille et que celle-ci ne la croit pas et ne se rend pas compte de sa détresse. Suzanne en arrive alors à douter elle-même de l'intégrité de ses facultés mentales. La consultation médicale accentue encore son désarroi. Le médecin constate les symptômes dépressifs de Suzanne et prescrit un traitement médicamenteux réputé anti-dépressif. Il ne cherche pas à comprendre pourquoi elle souffre, ni comment il pourrait la soulager, ni à passer le relais à un confrère plus compétent que lui. Par son manque de conscience professionnelle et son manque de compassion, il a renforcé l'exclusion et l'aliénation de Suzanne et l'a acculée, encore un peu plus, à une issue fatale.

## LA PSYCHOGENÈSE DU PASSAGE À L'ACTE MEURTRIER ET SUICIDAIRE

Le 13 février, lorsqu'elle a la preuve que son mari la trompe et qu'elle ne délire pas en lui reprochant son infidélité, Suzanne retrouve instantanément la pleine possession de ses moyens psychiques et physiques. Elle ne doute plus de son jugement, tout devient clair pour elle. Suzanne observe une dernière fois son mari au cours du repas du soir et se rend compte qu'elle n'a vraiment plus rien à espérer de lui. Quand il va se coucher sans lui dire bonsoir, l'idée de le tuer et de se tuer surgit dans son esprit, comme une intuition, elle s'impose comme la seule issue logique à l'impasse existentielle dans laquelle son mari et elle sont parvenus, tout retour en arrière lui parait impossible. Pendant plusieurs heures, Suzanne lutte contre cette idée et repousse sa mise en acte. Elle essaye de justifier sa conduite par écrit, sans y parvenir. Elle exprime cependant, dans son brouillon de lettre, son ambivalence affective. Suzanne aime toujours son mari, mais elle le hait encore plus, parce qu'elle sait maintenant qu'il la hait lui-même et veut sa mort. Elle ne lui reproche pas d'avoir une liaison avec Madame X, elle n'exprime d'ailleurs aucune jalousie à l'égard de cette femme, mais elle lui reproche de l'avoir outragée en ne lui disant pas la vérité. Tant qu'elle a pu garder l'illusion que son mari l'aimait encore et qu'il reconnaîtrait un jour qu'elle seule l'aimait vraiment, Suzanne a supporté patiemment sa souffrance morale. La révélation brutale de la vérité a eu sur elle l'effet d'un traumatisme psychique, d'un coup de poignard dans le cœur. Sa souffrance est devenue insupportable, plutôt mourir que de continuer à vivre ainsi ! Suzanne a toujours conçu l'amour comme une relation de dépendance et d'étayage réciproque. Elle ne peut admettre de vivre sans son mari et que lui vive sans elle. Puisqu'il a voulu qu'elle meure, elle va se tuer mais elle va l'entraîner dans la mort et se venger ainsi des humiliations trop longtemps endurées, se faisant justice à elle-même. Ils vont mourir ensemble dans le lit conjugal souillé par Madame X, désormais, plus personne ne pourra les séparer.

Comment peut-on expliquer l'absence de réaction du mari au moment où Suzanne le menace de mort ? Il ne comprend pas qu'il l'a gravement offensée en refusant de reconnaître son infidélité, ni qu'elle exige des explications et des excuses. Il ne croit pas qu'elle est capable de lui faire le moindre mal, elle a toujours tout supporté sans se révolter. Depuis plusieurs mois, Madame X a remplacé Suzanne dans son cœur et dans son esprit, il s'est réglé sur la longueur d'onde de sa maîtresse et ne peut plus percevoir les messages qu'émet son épouse. Le mari reste muré dans son silence parce qu'il est ailleurs, Madame X l'a dépersonnalisé. En entrant dans la chambre conjugale, Suzanne exécute un plan d'action prémédité. Elle laisse une dernière chance à son mari qui ne la saisit pas. Sa non réponse à la question qu'elle lui pose met le comble au dépit et à la colère de Suzanne et lui donne la force de le frapper à mort. Quand elle se rend compte qu'il va vraiment mourir, sans exprimer le moindre sentiment, ni la moindre plainte, comme une victime consentante, Suzanne est certainement désemparée mais encore plus résolue à se donner la mort. Insensible à la douleur, elle s'enfonce plusieurs fois dans la poitrine le couteau ensanglanté par son mari. Se rendant compte qu'elle ne perd pas suffisamment de sang par ses plaies pour en mourir, Suzanne tente alors de se suicider par un autre moyen, les médicaments, et se couche près du cadavre de son mari, voulant qu'on les découvre morts côte à côte, comme deux amants désespérés qui auraient décidé de se suicider d'un commun accord.

## UN DRAME PASSIONNEL

L'histoire tragique de Suzanne et de son mari met d'abord en évidence le mur d'indifférence et d'incompréhension qui s'était élevé entre eux à leur insu. Ils vivaient sans communiquer entre eux, étant l'un pour l'autre un miroir dans lequel on se regarde, mais auquel on n'accorde aucune importance. Leurs relations étaient narcissiques et imaginaires, chacun ne voyait dans l'autre que ce qu'il avait investi en lui. Sans rien échanger, chacun cherchait dans l'autre une image valorisante de soi, qu'il obtenait par identification projective. L'apparition de Madame X a mis fin brutalement à cette pseudo-relation amoureuse. Suzanne s'est immédiatement rendu compte que son mari n'exerçait plus pour elle la fonction de miroir complaisant, mais elle ne voulait pas croire qu'elle l'avait vraiment perdu, elle gardait l'illusion qu'il reprendrait tôt ou tard sa place auprès d'elle. Le 13 février, Suzanne prend enfin conscience que son mari ne l'aime plus, qu'il la déteste et qu'il désire sa mort, mais aussi qu'il en est de même pour elle par rapport à lui. Le dépit amoureux la rend furieuse et arme son bras contre son mari et aussi contre elle-même. Elle ne supporte pas de s'être trompée à ce point sur lui depuis plus de trente ans, en lui faisant confiance et en l'aimant. Son amour narcissique se transforme alors en haine contre soi et contre l'autre et le désir de le tuer et de se tuer surgit dans sa conscience. Depuis trente ans, Suzanne vit en symbiose avec son mari, elle ne fait rien sans lui, elle confond sa vie avec la sienne. Puisque cette vie n'est plus possible, il ne reste plus qu'à mourir ensemble. Suzanne n'a pas cherché à se confier à quelqu'un avant de passer à l'acte. Elle n'est pas parvenue non plus à réfléchir aux conséquences de ses actes, elle s'est laissée emporter par la passion. Pas plus que son mari, Suzanne ne sait ni ne peut exprimer en mots ce qu'elle ressent, ni entrer en relation avec autrui par la parole, elle va donc le faire en accomplissant une suite d'actes bien réels, mais qui ont aussi une signification symbolique, je l'ai indiqué tout au long de cette étude.

CAS N° 13

## Une aventure extra-conjugale

### *Exposé du cas*

*J'ai reçu René en urgence parce qu'il venait d'apprendre que son épouse Agnès avait des relations sexuelles avec son neveu, en pension chez eux. J'ai eu trois entretiens avec lui, cela a suffi pour qu'une solution soit trouvée. Six mois plus tard, j'ai reçu l'épouse qui voulait, elle aussi, faire le point avec moi. Je n'ai eu qu'un entretien avec Agnès.*

*René est un industriel surchargé de travail et de responsabilités. Agé de trente-cinq ans, il est marié depuis dix ans et a trois enfants de neuf à cinq ans. Issu d'un milieu modeste, intelligent et travailleur, il a fait de brillantes études. René est devenu chef de l'entreprise dans laquelle il est entré comme jeune ingénieur, en épousant la fille de son patron. Cela ne s'est pas fait sans mal. Le mariage a été arrangé par les parents. Agnès a voulu rompre les fiançailles à quelques mois du mariage parce que René s'était révélé impuissant dans ses tentatives de relations sexuelles avec elle. Pour le provoquer, elle a eu une brève aventure avec un ami de la famille. Finalement Agnès a été contrainte d'épouser René lorsqu'elle s'est retrouvée enceinte de lui. Les grossesses se sont succédées et Agnès, très prise par ses obligations familiales et sociales, ne lui a pas reproché, pendant les premières années de leur vie conjugale, la médiocrité de leur vie sexuelle, mais, depuis plus d'un an, elle se plaint de son manque d'ardeur sexuelle et lui dit qu'elle s'ennuie. Dans ses relations amoureuses avec Agnès, René se sent humilié du fait de la faiblesse de ses érections et de ses éjaculations toujours trop précoces. Au moment du coït, il imagine tout le plaisir que son épouse pourrait éprouver dans les bras d'amants prestigieux et éjacule aussitôt la privant, ainsi que lui, de toute satisfaction sexuelle.*

*Il y a quelques mois, René a accueilli sous son toit le fils de son frère qui venait d'être admis dans une école d'ingénieur. Il l'estimait beaucoup et, a même envisagé de le faire entrer dans son entreprise. René s'était rendu compte qu'Agnès l'aimait beaucoup, mais il n'avait pas imaginé qu'il était son amant. Depuis quelques semaines, il avait remarqué qu'Agnès et son neveu se disputaient souvent et qu'elle avait un œil tuméfié, mais il n'avait pas pensé un instant que son neveu avait frappé son épouse parce qu'elle lui reprochait de lui être infidèle... Humiliée par les coups reçus de son amant et l'indifférence de son mari, Agnès a réagi en disant toute la vérité à René devant son neveu. Cette révélation l'a frappé de stupeur sur le moment. Comprenant pourtant qu'il était important et urgent de faire quelque chose, mais ne sachant quoi faire, René décide de me consulter au plus vite.*

*Au cours du premier entretien, René a pris la décision de mettre à la porte son neveu et de ne pas accabler son épouse, mais plutôt de la consoler. René comprend qu'elle est aussi malheureuse que lui dans cette situation et que c'est une occasion à saisir pour se rapprocher d'elle. Il me demande de l'aider à se débarrasser de son complexe d'infériorité dans le domaine sexuel. Au deuxième entretien, René est très satisfait de lui-même, il a eu plusieurs rapports sexuels réussis avec son épouse parce qu'il a senti, pour la première fois en dix ans, qu'elle était amoureuse de lui et lui d'elle. Au troisième entretien, René estime que tout va bien maintenant entre lui et Agnès et qu'il n'a plus besoin de mon aide.*

*J'ai reçu Agnès quelques mois plus tard. Elle est une femme genre mannequin de mode qui cherche manifestement à attirer l'attention sur elle. Elle m'a raconté sa vie, très heureuse jusqu'à son mariage et malheureuse depuis qu'elle vit avec René. Elle trouve cependant que celui-ci s'intéresse plus à elle et que leurs relations sexuelles sont meilleures depuis qu'il m'a rencontré. Agnès se rend compte qu'une vie de femme sans profession au service de sa famille ne lui convient plus, elle envisage d'acheter et de tenir une boutique de mode en ville, la propriétaire, qui est une amie, va prendre sa retraite. Elle a l'accord de son mari. Agnès reconnaît que René est plein de qualités, elle lui sait gré de ne pas l'avoir rejetée. Elle-même se dit très jalouse et n'aurait jamais supporté que René la trompe. Elle ne voit plus le neveu et s'est facilement détachée de lui. Agnès devait me retéléphoner si elle désirait s'engager dans une psychothérapie, elle ne l'a pas fait.*

## Analyse psychologique

L'infidélité d'un des conjoints ne mène pas toujours au drame ni à la séparation, il s'agit souvent d'une simple passade. Elle signale à celui qui passe à l'acte et à l'autre que le lien conjugal s'est distendu et qu'il peut se rompre. Quand l'un et l'autre acceptent de se remettre en question, comme René et Agnès, les coups de canifs dans le contrat de mariage ne provoque pas la rupture, mais au contraire le renforcement du lien conjugal. C'était vrai au moment où cela c'est passé, il y a plus de trente ans, c'est encore vrai aujourd'hui.

### ANALYSE DU COMPORTEMENT DE RENÉ

René est un homme qui a réussi dans tous les domaines sauf dans sa vie conjugale. Agnès l'a toujours méprisé et humilié parce qu'elle est persuadée qu'il lui a fait un enfant et qu'il l'a épousée uniquement par intérêt, parce qu'elle était la seule héritière de l'entreprise de son père. René lui a bien montré qu'il l'aimait et qu'il avait beaucoup de désirs sexuels pour elle, mais elle ne l'a jamais cru. Depuis leur premier rapport sexuel, elle est persuadée qu'il ne l'aime pas puisqu'il n'est pas capable de la satisfaire sexuellement. Elle refuse d'admettre qu'il est inhibé par elle et que son impuissance est la conséquence et pas la cause de l'attitude méprisante qu'elle a à l'égard de ses médiocres performances sexuelles. Quand René a rencontré Agnès, il n'avait jamais eu de rapport sexuel, ni même de flirt. Il a été désorienté par la réaction d'Agnès, après l'échec de leur premier rapport, quand elle a pris un amant pour se venger de l'affront qu'il lui aurait fait subir. Si, par la suite, elle s'est retrouvée enceinte de lui, ce n'était pas pour la forcer à l'épouser, mais parce qu'il pratiquait mal le coït interrompu. René explique son impuissance en disant qu'Agnès l'a toujours complexé par son attitude dominatrice et égocentrique. En terme psychanalytique, je dirai qu'Agnès était, pour René, une femme phallique et castratrice.

Comme la plupart des maris cocus, René ne suspecte pas son épouse de le tromper, parce que lui-même n'a jamais eu la tentation de le faire ; il n'a pas imaginé, non plus, que son neveu pouvait trahir sa confiance, lui-même, à sa place ne l'aurait jamais fait. Quand Agnès lui révèle son infortune, René ne réagit pas agressivement, il est inhibé. Comme dans son activité professionnelle, il réfléchit avant d'agir et consulte un expert... Sans que j'aie besoin de l'aider, René analyse sa situation avec objectivité et met au point sa riposte. Il se rend compte qu'il peut retourner opportunément la situation à son avantage et se dégager facilement de la position ridicule du mari trompé dans laquelle Agnès et son neveu l'ont enfermé. Dans cette situation triangulaire, la victime, ce n'est plus lui, mais son épouse battue et humiliée par son jeune amant. Il va jouer, auprès d'elle, le rôle du mari au grand cœur, du sauveur, qui pardonne à celle qui l'a offensé et qui la console. Cela suffit pour qu'Agnès reconnaisse qu'il l'aime et qu'elle l'aime en retour. Dans ce climat de réconciliation amoureuse, l'inhibition sexuelle de René disparaît, il peut maintenant s'affirmer sur le plan sexuel, comme il a su le faire depuis longtemps ailleurs.

## ANALYSE DU COMPORTEMENT D'AGNÈS

Fille unique, gâtée par son père, Agnès agit uniquement en fonction de ses désirs et ne supporte aucune frustration, elle pense encore que le monde tourne autour d'elle et que personne ne peut résister à son pouvoir de séduction, sinon elle se venge et frustre l'autre en retour. C'est ce qu'elle a fait pendant ses fiançailles lorsque René n'a pas répondu à son attente sexuelle, elle a trouvé aussitôt un remplaçant plus doué.

Quand son amant la délaisse au profit de filles de son âge, Agnès réagit en femme possessive et jalouse et aussi en mère œdipienne qui ne tolère pas que son fils adolescent se détourne d'elle. Elle ne se rend pas compte qu'en trompant son mari et en transgressant l'interdit de l'inceste, elle est mal placée pour reprocher à son amant de la tromper. En réagissant en femme jalouse, Agnès s'engage avec lui dans un duel narcissique dans lequel chacun des protagonistes se donne le droit de blesser l'autre parce qu'il s'estime blessé par lui. Aux agressions verbales répétées d'Agnès, son amant finit par répondre par une agression physique. Pour le neveu, comme pour Agnès, l'objet d'amour devient, par dépit, objet de haine, la soif de vengeance a remplacé le désir amoureux. Rien n'arrête Agnès, ni la honte, ni la culpabilité, lorsqu'elle révèle à René que son neveu est son amant et qu'il l'a battue. Elle attend que son mari venge l'outrage qu'elle a subi et ne se rend pas compte qu'elle a offensé plus gravement son mari que son amant ne l'a fait avec elle.

En ne réagissant pas agressivement à l'égard de son neveu et en accordant à Agnès son pardon, René, se valorise à ses yeux et devient pour elle un père compréhensif qui aime sa fille malgré ses incartades, il n'est plus le mari complexé qu'elle méprisait. Elle attendait cela depuis dix ans, que René prenne, auprès d'elle, la place de son père bien-aimé. Agnès renonce alors à son attitude dominatrice et hostile de femme castratrice et montre à René qu'il est maintenant digne d'être aimé par elle et d'être vraiment son mari. Ce faisant, Agnès se soumet pour la première fois au principe de réalité, suivant ainsi, à retardement, l'exemple de René. Elle agit maintenant en fonction de son intérêt et recherche des solutions de compromis pour l'avenir. Elle accepte ainsi de sublimer son désir de séduire en le transférant sur d'autres femmes qu'elle rendra désirables en les habillant.

## ANALYSE DU COMPORTEMENT DU NEVEU

C'est un enfant gâté, comme Agnès, qui, jusque-là, n'a jamais connu l'échec. Il est certainement flatté que sa tante, une femme qu'il admire, s'intéresse à lui et cherche à le séduire. Il se laisse faire sans mesurer à l'avance les conséquences de ses actes et suit son désir sexuel qui est encore un désir œdipien. Puisque la tante ne manifeste aucun scrupule à transgresser le tabou de l'inceste, il fait de même. Il se lasse certainement très vite des rôles qu'Agnès veut lui faire jouer : celui d'étalon et celui de prince-consort. Il supporte mal ses exigences, sa jalousie et sa possessivité. Il n'est plus libre et doit subir le jugement réprobateur de tout l'entourage familial vite au courant de leur liaison. Quand le neveu refuse d'avoir des rapports sexuels avec Agnès et veut reprendre sa liberté, celle-ci lui fait des scènes de jalousie et l'agresse verbalement. A la fin, il la déteste et la repousse brutalement quand elle s'approche de lui. Le coup de poing dans l'œil a été le point final de leur liaison. Le neveu n'a certainement pas regretté que son oncle le mette à la porte, il ne devait demander que cela...

## LE DÉNOUEMENT

La situation d'Agnès est devenue intolérable, elle est doublement humiliée :

— son amant la maltraite,
— son mari, qu'elle voulait rendre jaloux, n'a pas remarqué qu'elle était amoureuse de son neveu et lui d'elle.

En révélant à René qu'elle l'a trompé, elle se comporte en femme passionnée et joue son va-tout. Elle croit que René va réagir, comme elle le ferait à sa place, sur un mode agressif, en donnant une bonne correction au neveu. Rien ne se passe comme Agnès l'a prévu, mais elle ne perd pas la partie. Le drame familial, qui aurait pu finir en tragédie, se dénoue comme une comédie de boulevard : l'intérêt bien compris de chacun l'emporte sur la passion destructrice. René dompte sa colère et sa jalousie, il réagit en homme réaliste, en fonction de son intérêt, mais aussi de celui de son épouse et de son neveu. Finalement, Agnès perd un amant, mais elle découvre qu'elle a, en René, un mari digne d'être aimé et capable de la rendre heureuse. Agnès reste hystérique, mais René n'est plus pour elle un ennemi à abattre, elle le considère maintenant comme un homme bienveillant qui l'aime et la protège, comme le faisait son père. De son côté, René est heureux de prendre la place d'un mari-père et de succéder, auprès d'elle, à son beau-père, comme il l'avait déjà fait dans l'entreprise familiale.

## Passion amoureuse et jalousie

Quand l'un des conjoints d'un couple constitué depuis plusieurs années se laisse séduire, cela signifie que le lien conjugal est malade, usé ou même mort. Celui ou celle qui séduit est le plus souvent quelqu'un qui agit par intérêt, comme Madame X, ou c'est un jeune Don Juan narcissique, comme l'amant d'Agnès, ou une femme hystérique qui à encore des comptes à régler avec son père ou son mari considéré comme un père, c'est le cas d'Agnès. Quand le conjoint délaissé apprend son infortune, il réagit en étant jaloux de son ou de sa rival(e), mais aussi en étant furieux contre celui ou celle qui l'a abandonné. Les réactions à l'infidélité du mari, de l'épouse ou de l'amant sont déterminées par la structure psychique inconsciente de chacun et par la nature du lien conjugal. Dans le cas de Suzanne, c'est un drame passionnel, dans celui d'Agnès et de son amant, c'est une crise de jalousie et une rupture, dans celui d'Agnès et de René c'est une régénération du lien conjugal, enfin, dans celui de Janine et André (cas n° 14), c'est l'instauration d'une relation amoureuse triangulaire.

### LE DÉMON DE MIDI ET LES RÉACTIONS PASSIONNELLES QU'IL PROVOQUE

Le démon de midi, qu'a été Madame X pour le mari de Suzanne, a eu, sur lui, l'effet d'un coup de foudre, cette femme a complètement bouleversé sa vie en le séduisant. Cet homme sans histoire est brusquement tombé sous la coupe de Madame X, comme s'il avait été hypnotisé par elle. Du jour au lendemain, il est devenu amnésique, muet, sourd et aveugle face à son épouse, prêt à sacrifier et à renier toute son existence antérieure, par amour pour cette femme, sans chercher à savoir qui est vraiment Madame X, ni ce qu'elle désire en se faisant aimer de lui.

J'ai décrit la relation passionnelle qui s'instaure entre un homme et une femme après le coup de foudre dans le chapitre sur le processus d'énamoration, pp. 21-25 et dans celui sur le passage de la relation narcissique à la relation intersubjective, pp. 67-71. Pour le mari de Suzanne, le passage s'est fait en sens inverse. En s'attachant à Madame X, il a régressé et s'est fixé à un mode de relation fusionnel et narcissique. Elle est devenue pour lui objet de désir et d'amour parce qu'il a projeté sur elle l'image de la femme idéale de ses fantasmes que Suzanne n'incarnait plus depuis longtemps. Dans une relation passionnelle, les deux amants n'ont qu'une existence d'objet de désir et d'amour, pour l'un comme pour l'autre. Ce qu'ils sont en tant que sujet est masqué des deux côtés. Ils se donnent l'illusion de pouvoir vivre hors du temps et de l'espace, sans tenir compte des réactions de leur entourage. Dans ce type de relation narcissique, il n'y a pas de véritables échanges affectifs, ni de dialogue, seulement une revalorisation narcissique de chacun face à l'autre, suivant la formule de l'amour narcissique : « Je m'aime parce ce que je sens qu'il me désire ». L'amour passionnel n'est rien d'autre qu'un avatar de l'amour de soi dont l'envers est la haine de l'autre. Quand les positions des deux amants se correspondent bien, qu'elles sont alignées sur un même axe (schéma 2, p. 69), un pivotement de chacun sur lui-même permet la prise de conscience et l'acceptation de la différence entre l'autre idéal et l'autre réel (schéma 3, p. 69), et le passage à la relation intersubjective qui est nécessaire à l'établissement d'un véritable dialogue amoureux (schéma 5, p. 71). Pour Madame X et son amant, cela n'a pas été possible, la relation amoureuse étant unilatérale. C'est aussi le cas des hommes politiques ou des hommes d'affaires amoureux fous d'une call-girl ou d'une femme sans scrupule qui cherche à les séduire pour les escroquer ou les faire chanter. Pour le mari de Suzanne et pour tous ces hommes qui se laissent ainsi séduire, sans tenir compte des avertissements de leur entourage, la femme aimée passionnément est l'incarnation de la femme idéale de leur rêve, le plus souvent leur mère ou leur épouse-mère, magiquement réincarnée en une personne jeune, ou encore leur fille préférée qui vient de quitter la maison familiale. Le démon de midi est en fait le démon de l'inceste. Possédé par lui, l'homme mûr rejette tous les interdits moraux et sociaux auxquels il s'est toujours soumis. Il s'imagine être redevenu l'enfant gâté ou l'adolescent qui se croit tout permis parce qu'il se sent soutenu et aimé par sa mère. Il est persuadé d'être enfin libre, alors qu'il n'a jamais été aussi dépendant, s'étant réduit à n'être plus que l'objet du désir de l'autre. Enfin, le démon de midi fait croire à l'homme mûr qu'il est toujours jeune et qu'il échappera au vieillissement en se liant à une femme jeune et en rejetant son épouse qui ne peut que lui rappeler son âge.

L'épouse abandonnée a souvent, comme Suzanne, une structure psychique narcissique semblable à celle de son mari et réagit d'une manière aussi passionnelle que lui, sous l'effet de la jalousie. Quand elle prend conscience que son mari ne lui renvoie plus son image de bonne épouse, son monde narcissique s'effondre brutalement, elle a vraiment l'impression de ne plus exister, d'avoir été blessée à mort par celui qui l'a trahie et abandonnée. Comme dans les opéras et les tragédies, elle va réagir, avant de mourir, en se vengeant de ceux qui l'ont outragée. L'amour-propre blessé de l'épouse abandonnée se transforme en jalousie, en haine meurtrière. La femme trahie ne peut imposer des limites à son ressentiment, elle est possédée par le même désir de mort que son mari, parce qu'il l'a tuée moralement. Pour se venger, elle va le tuer, tuer sa complice, se tuer elle-même, comme si elle voulait laver dans le sang l'offense qu'elle a subie, aussi muette, sourde et aveugle que lui, face à ceux qu'elle va faire souffrir. Dans une relation passionnelle, le duel à mort est inévitable, si l'un des partenaires tente d'échapper à son aliénation par l'autre en laissant pénétrer un intrus entre eux.

## AVENTURES EXTRACONJUGALES ET CRISES DE JALOUSIE

L'aventure amoureuse d'une femme ou d'un homme marié est une liaison brève, une évasion momentanée hors du cercle conjugal qui reste le plus souvent secrète et ne remet pas en cause la vie du couple. Elle est l'aboutissement d'un jeu de séduction, chacun des amants recherche une satisfaction narcissique et un plaisir sexuel qu'il ne trouve plus suffisamment auprès de son conjoint légitime. Contrairement aux amants passionnés, ils ne veulent rien changer à leur vie habituelle ni renoncer à leur indépendance. Leur aventure est une pause de plaisir dans une vie quotidienne pleine de soucis et de contraintes. Les amants se donnent l'illusion de vivre, avec un partenaire nouveau, une nouvelle lune de miel, mais la répétition de l'expérience nouvelle la transforme vite en habitude nouvelle qui lasse encore plus vite que la relation conjugale habituelle, puisqu'elle n'est pas, comme celle-ci, renforcée par un lien d'intérêt ni par un lien affectif. Après une phase brève d'exaltation, les amants renoncent, sans trop de peine, à leur rêve d'amour parce que leur désir sexuel s'est émoussé ou s'est fixé, à nouveau, ailleurs. Parfois, l'un des amants réagit mal à l'éloignement de l'autre et fait une crise de jalousie, c'est le cas d'Agnès.

Les crises de jalousie éclatent entre les amants infidèles, mais aussi entre les conjoints d'un couple légitime, elles ne sont pas toujours déclenchées par une infidélité réelle, un simple soupçon suffit. Si elles se répètent souvent dans un même couple, cela signifie le plus souvent que la relation conjugale est œdipienne et que chacun des conjoints fonctionne psychiquement dans un registre œdipien. Maris et femmes vivent alors dans la hantise d'être trompés et s'accusent mutuellement de trop s'intéresser au collègue ou à la voisine. Les jaloux imaginent que leur rival est plus viril qu'eux, comme René, les jalouses que leur rivale a l'avantage de la jeunesse, comme Suzanne. En tant que sujet désirant et aimant, le jaloux exige d'être désiré et aimé, parce que c'est son droit. Il ne se rend pas compte qu'en retour, il ne reconnaît pas le même droit à l'autre et se conduit avec lui comme un enfant tyrannique. En se comportant ainsi, le jaloux incite son conjoint à le tromper, le passage à l'acte est alors une affirmation de soi du conjoint infidèle qui cherche à se faire reconnaître comme sujet désirant et aimant par celui ou celle qu'il séduit et surtout par celui ou celle qu'il trompe.

Les crises de jalousie sont à l'origine de la plupart des scènes de ménage avec cris, pleurs et échange de coups, pour faire mal, mais pas pour tuer. Les relations amoureuses triangulaires et les scènes de jalousie appartiennent au répertoire du théâtre de boulevard, les réconciliations sur l'oreiller en sont le dénouement habituel. Chacun joue son personnage de jaloux ou d'infidèle repenti sans trop de conviction, avec le secret espoir d'être trompé ou détrompé par les protestations de bonne foi ou de mauvaise foi de l'autre, le résultat final étant le plus souvent, la réactivation du désir érotique de l'un et de l'autre. Dans ces relations amoureuses œdipiennes, la jalousie est bien le piment de l'amour.

Dans certains cas d'infidélité conjugale, comme dans celui de René et Agnès, l'adultère de l'un ne rend pas l'autre jaloux mais accentue son inhibition sexuelle et à tendance à le déprimer. Dans ces cas, mari et femme sont restés fixés en position d'enfant et considèrent l'autre comme un père ou une mère. Agnès s'est conduite à l'égard de son mari comme elle se conduisait antérieurement avec son père lorsqu'elle était enfant ou adolescente. En étant inhibé et déprimé par elle, René se situe, lui aussi, comme un enfant par rapport à son beau-père et par rapport à Agnès. La psychothérapie lui a permis de prendre la place de son beau-père, il n'est pas certain que, par la suite, René et Agnès sont passés d'une relation œdipienne à une relation intersubjective. Comme on le verra plus loin, les couples œdipiens qui durent deviennent parfois des ménages à trois. Maris et femmes passent alors leur temps à se faire souffrir, ils ne parviennent pas à être heureux ensemble ni à se séparer.

# 7 - RUPTURE DU LIEN CONJUGAL

# CAS N° 14

## Une liaison intermittente et interminable

### *Exposé du cas*

*Janine m'a consulté à de nombreuses reprises, le plus souvent en urgence, pendant sept ans, toujours dans les mêmes circonstances : André, son ami, venait de la quitter et elle était très malheureuse, ou bien il lui demandait de reprendre la vie commune et elle hésitait. Au bout de quelques entretiens, Janine allait mieux et renonçait à poursuivre sa psychothérapie. J'ai reçu aussi André trois fois, en urgence. Il me disait qu'il était très malheureux parce qu'il n'arrivait pas à choisir entre Janine et Claudine, sa précédente amie, chez laquelle il se réfugiait quand il ne supportait plus la vie avec Janine. Finalement, André s'est déprimé gravement et a dû être hospitalisé. A sa sortie de clinique, il voulait rompre avec ses deux amies et s'engager dans une analyse avec une femme psychanalyste. Je ne sais pas s'il l'a fait, mais je ne l'ai plus jamais revu, ni Janine.*

MES ENTRETIENS AVEC JANINE

*Quand je la reçois pour la première fois, Janine a trente-cinq ans, elle exerce une profession libérale et élève seule ses deux enfants en bas âge, elle est en instance de divorce. Issue d'un milieu modeste, elle a eu une enfance malheureuse, son père était alcoolique et violent, sa mère faible et peu aimante, toujours dépassée dans ses tâches de mère de famille nombreuse. Janine a rapidement quitté son milieu familial pour poursuivre ses études et a totalement rompu avec sa famille d'origine. Elle a rencontré son mari peu de temps après son installation professionnelle, elle est tombée amoureuse de lui d'emblée et l'a épousé sans vraiment le connaître. C'était un homme peu intelligent, brutal et infidèle qui ressemblait beaucoup à son père. Il y a eu de violents conflits entre eux avant qu'elle se sépare de lui. Sa rencontre avec André a été pour elle un véritable coup de foudre, elle a cru aussitôt qu'il était l'homme de sa vie. Comme Janine, André avait fait une expérience conjugale malheureuse et Claudine, l'amie avec qui il vivait depuis huit ans, venait de le quitter. André voulait que Janine vienne vivre avec lui dans sa grande maison à la campagne, cela aurait bien convenu aux enfants, mais elle ne voulait pas quitter l'appartement qu'elle avait acquis en ville. André a accepté à plusieurs reprises de venir habiter chez Janine, mais sans jamais s'y installer pour de bon.*

*Quand André est auprès d'elle, Janine est parfaitement heureuse. Il a toutes les qualités qui manquaient à son ex-mari : il est tendre, prévenant, calme, il sait se faire aimer des enfants, il sait aussi lui donner beaucoup de plaisir sexuel. Cependant, sans qu'elle comprenne pourquoi, André s'éclipse, après quelques semaines de présence, sans la prévenir. Il se réfugie pendant quelques semaines dans sa maison ou chez Claudine puis revient frapper à la porte et tout recommence comme avant jusqu'à sa prochaine fugue. Ces va-et-vient d'André ont duré pendant sept ans. Quand Janine souffre trop, elle me consulte pour prendre la décision de rompre avec cet homme qui ne sait pas ce qu'il veut, mais elle n'y est jamais parvenue. A deux reprises, pressé par elle, André décide de mettre en vente sa maison et de l'épouser, mais, les deux fois, il renonce au dernier moment et disparaît pendant plusieurs mois sans donner de nouvelles. Chaque fois qu'André revient, Janine l'accueille sans trop de réticences, André lui jure solennellement qu'il a rompu avec Claudine et qu'il a décidé de vivre définitivement avec elle, mais, quelques jours plus tard, Janine constate que la voiture d'André est à nouveau devant l'immeuble de Claudine. Un jour, Janine a demandé un rendez-vous à sa rivale, à l'insu d'André. Claudine l'a bien reçue et lui a dit qu'elle avait quitté André parce qu'elle ne supportait plus de vivre à la campagne où elle se sentait enterrée, mais elle l'aimait toujours et elle avait pitié de lui. Quand elle le voyait désemparé et malheureux, elle acceptait de l'héberger tant qu'il le souhaitait, sans avoir de rapports sexuels avec lui. Claudine a appris à Janine qu'avant d'osciller entre elles, André l'avait déjà fait, pendant huit ans, entre son ex-femme et elle, Claudine.*

MES ENTRETIENS AVEC ANDRÉ

*J'ai reçu pour la première fois André trois ans après la première consultation de Janine, il l'a fait à son insu, non pas pour lui, mais pour que je demande à son amie d'être moins exigeante et plus compréhensive avec lui. Il m'a dit que sa situation, entre Janine et Claudine, était celle de l'âne de Buridan qui a hésité jusqu'à en mourir entre boire ou manger d'abord. André ne se sentait pas capable de renoncer à sa double vie et n'envisageait pas de s'engager dans une psychanalyse, c'est cependant le conseil que je lui ai donné. J'ai reçu à nouveau André, quatre ans plus tard, il était vraiment déprimé et avait des idées de suicide. Il ne supportait plus que Janine s'accroche à lui «comme un harpon à une baleine» ni que ses proches l'incitent à épouser soit Janine soit Claudine. Il se considérait comme la victime malheureuse de leur acharnement. A sa demande, je l'ai envoyé dans une clinique spécialisée, où il a pu analyser tranquillement sa situation et trouver, peut-être, une solution à son dilemme. Il m'a consulté pour la dernière fois à sa sortie de clinique, il m'a alors demandé l'adresse d'une collègue psychanalyste qui lui permette de se passer de Janine et de Claudine et qui l'aide à devenir enfin un homme adulte...*

*André m'a donné très peu de renseignements sur sa biographie. Fils unique de parents âgés et fortunés, il a connu une jeunesse dorée et a fait de brillantes études. Il a toujours bien réussi dans sa profession qui est la même que celle de Claudine et de Janine. Ses parents sont décédés depuis longtemps. Il n'entretient plus de relations avec sa première épouse ni avec la fille qu'il a eue d'elle et qui est adolescente.*

## Analyse psychologique

Janine m'a consulté à de nombreuses reprises pendant sept ans, j'ai reçu plus rarement André, mais il n'y a pas eu de travail d'analyse engagé entre eux et moi. Les interprétations psychologiques que je formulerai au cours de cette étude ne sont donc que des hypothèses vraisemblables, je n'ai pas pu les vérifier, puisqu'elles n'ont pas été proposées aux intéressés et que je n'ai pas pu en mesurer les effets produits dans l'après-coup, comme cela se passe au cours d'une psychothérapie. J'ai cependant retenu cette observation parce qu'elle met bien en évidence ce qu'est une relation amoureuse de dépendance réciproque et les difficultés qu'éprouvent les deux conjoints à rompre. André et Janine étaient accrochés névrotiquement l'un à l'autre, à la manière des atomes crochus de Démocrite. Malgré les frustrations et les souffrances qu'ils s'infligeaient mutuellement, il leur a fallu sept ans et peut-être plus pour parvenir à se détacher l'un de l'autre.

## ANALYSE DU COMPORTEMENT DE JANINE AVEC ANDRÉ

Janine a bien réussi dans sa vie professionnelle, elle s'est élevée dans l'échelle sociale, mais a échoué dans sa vie conjugale et se trouve en difficulté, à nouveau, avec André. Janine a rompu toute attache avec sa famille d'origine mais les difficultés qu'elle rencontre dans sa vie amoureuse montrent qu'elle ne s'est pas vraiment libérée de ses parents. Ses choix amoureux se sont faits en fonction d'eux, son premier mari était brutal et fruste, comme son père, André est un homme faible qui ne sait pas l'aimer, comme sa mère. En amour Janine agit impulsivement, sans réfléchir, c'est une passionnée. Dès qu'elle tombe amoureuse d'un homme, elle veut l'épouser aussitôt, c'est ce qu'elle a fait avec son premier conjoint, c'est ce qu'elle voudrait faire avec André. Elle aime sur un mode possessif, réduisant l'autre à un statut d'objet, sans se préoccuper de ce qu'il est en tant que sujet, sans tenir compte de son trajet existentiel antérieur. Comme une femme passionnée, elle est aveugle et sourde avec son amant, ne percevant en lui que ce qu'elle y a d'abord projeté. Janine n'est cependant pas Suzanne (cas n° 12), ses relations amoureuses ne s'établissent pas sur un mode narcissique mais œdipien. Elle passe, en effet, d'un lien père-fille avec son premier conjoint à un lien mère-fils avec André et vit dans la crainte d'être dépossédée de son objet d'amour par une rivale, se situant donc toujours à l'un des trois sommets du triangle œdipien.

Dans ses relations avec André, Janine n'est pas capable de se décentrer et de comprendre, par identification à son conjoint, ce qu'il attend d'elle et surtout ce qu'il ne peut pas supporter en elle. Janine s'enferme avec André, comme avec son ex-mari, dans une position de femme victime de la cruauté mentale des hommes et de leur infidélité, alors qu'André n'a rien d'un bourreau ni d'un séducteur. S'il se réfugie chez Claudine, ce n'est pas pour retourner chez une femme qu'il aimerait plus qu'elle, mais pour s'éloigner d'une femme trop possessive, cela Janine n'a jamais voulu le comprendre. Elle n'a jamais voulu comprendre non plus qu'André était très attaché à sa maison de campagne et que la situation aurait pu se débloquer entre eux si elle avait accepté de le suivre là où il avait ses racines. Elle n'a pas compris non plus qu'André la fuyait dès qu'elle exigeait qu'il l'épouse, non par manque d'amour, mais par angoisse de castration.

En me consultant, Janine me demande de la soulager en se déchargeant sur moi de ses griefs contre André, mais, dès que je l'incite à prendre conscience de sa part de responsabilité dans la situation conflictuelle et à renoncer à sa position confortable psychologiquement de victime pour s'engager dans une psychothérapie, Janine préfère me fuir, comme André avec elle. Janine ne supporte pas de faire un parallèle entre sa relation avec André et celle qui existait entre elle et son ex-mari ou entre elle et ses parents. Sa rencontre avec Claudine aurait dû lui ouvrir les yeux et les oreilles et lui faire comprendre que Claudine n'était pas une rivale, qu'André n'était pas ce qu'elle imaginait et qu'il avait de bonnes raisons de la fuir, cela n'a pas été le cas.

Pendant sept ans, Janine s'est acharnée à vouloir qu'André corresponde à l'homme idéal de ses rêves, qu'il l'épouse et qu'il accepte le mode de vie qu'elle lui imposait. Elle a exercé de fortes pressions sur lui pour cela et a cru réussir à plusieurs reprises, mais elle n'a pas compris que, de toutes façons, elle ne pouvait qu'échouer en refusant de tenir compte du désir de l'autre.

## ANALYSE DU COMPORTEMENT D'ANDRÉ

André est, comme Janine, heureux dans sa vie professionnelle, mais malheureux dans sa vie amoureuse. Enfant unique, gâté par ses parents, n'ayant jamais eu à fournir d'efforts pour réussir, André était mal préparé à la vie conjugale et à celle de père de famille. Il n'a jamais fait l'effort de s'adapter à sa conjointe, ni celui de renoncer à son statut de célibataire indépendant. Son épouse s'est contentée de prendre le relais de ses parents, elle s'est occupée seule du ménage et de l'éducation de leur fille et a accepté de lui rendre sa liberté sexuelle et amoureuse. A la mort de ses parents, André s'est replié sur lui-même et s'est probablement déprimé. Il a pris l'habitude d'aller vivre seul dans l'ancienne maison de campagne de ses parents, loin de tout. Quand il rencontre Claudine, il décide de quitter son épouse et sa fille et propose à Claudine d'aller « s'enterrer » avec lui dans la maison de son enfance. Elle a accepté pendant huit ans de se retirer de la vie avec lui et de n'avoir pas d'enfant pour qu'André puisse rester indéfiniment son fis unique bien-aimé. En reprenant sa liberté, Claudine ne renonce pas à son rôle de mère protectrice auprès d'André, mais seulement à celui de concubine. En rencontrant Janine, André sort de son repli narcissique et découvre l'amour-passion. Par amour pour elle, il est prêt à tout : quitter sa maison, l'épouser, s'occuper de ses enfants. Mais au bout de quelques semaines, il se rend compte qu'il ne peut vraiment pas tenir ses promesses, mais n'ose pas se l'avouer ni l'avouer à Janine, il préfère s'éclipser. Loin de Janine, sa passion se réactive, il se sent à nouveau capable de tout sacrifier par amour pour elle et décide de tenter une nouvelle expérience. Après une nouvelle phase d'illusion amoureuse, la désillusion survient. Quand Janine se montre exigeante et jalouse, il éprouve alors, à nouveau le désir de fuir et de se réfugier dans la solitude ou auprès de Claudine. En sept ans, André passe ainsi de nombreuses fois, par des phases d'exaltation amoureuse suivies de phases de dépression narcissique. Sa liaison amoureuse est intermittente, mais elle n'est pas double. André n'aime qu'une femme à la fois et, sur le plan sexuel, il n'en désire qu'une : Janine. André n'est donc pas bigame, comme le croit Janine. Quand il retourne auprès de Claudine, c'est pour échapper à ses pressions et pour se reposer. Sa passion amoureuse pour Janine ou, plus précisément, pour l'image de la femme idéale qu'il projette sur elle, ne s'est jamais convertie en relation conjugale intersubjective parce qu'il n'est jamais parvenu à accepter Janine telle qu'elle est réellement, avec ses qualités et ses défauts. André est parfaitement heureux lorsqu'il se sent aimé passionnément par Janine, lorsqu'il devient son objet de désir et d'amour exclusif, mais quand Janine lui demande, en retour, de la considérer comme l'objet exclusif de son désir et de son amour, il ne peut pas le supporter longtemps, il se sent rapidement prisonnier de son désir, castré par elle, c'est intolérable, il faut qu'il fuie. Il se réfugie alors chez Claudine pour y retrouver son intégrité et son énergie narcissiques.

Quand André me consulte pour la première fois et qu'il se compare à l'âne de Buridan, je comprends que le choix qu'il a à faire n'est pas entre Janine et Claudine, mais entre la vie et la mort. Je l'incite à s'engager dans une psychanalyse, seul moyen pour lui de se dégager de la fausse alternative dans laquelle il s'imagine être enfermé. Je n'ai pas été étonné de le retrouver quatre plus tard au bord du suicide, me demandant de le protéger contre lui-même. Je ne sais pas s'il s'est engagé dans une analyse avec une femme psychanalyste, ni s'il a pu faire avec elle le deuil des femmes-mères, ni s'il a pu enfin se situer en homme adulte et établir avec elle une relation intersubjective. Le fait qu'il soit vraiment tombé amoureux de Janine a signifié pour moi qu'une relation de transfert pouvait se nouer et qu'une évolution favorable était envisageable.

## UNE RELATION DE DÉPENDANCE RÉCIPROQUE

La relation névrotique, qui s'est établie entre Janine et André et qui s'est maintenue, avec des hauts et des bas pendant sept ans, était à la fois une relation d'étayage réciproque de type parent-enfant et une relation de complétude phallique et narcissique qui n'a jamais pu se transformer en relation intersubjective. Ils ne se sont jamais vraiment aimés, ils ont seulement cherché à se consoler mutuellement de leurs déceptions amoureuses antérieures en réduisant l'autre à un statut d'objet érotique et narcissique et en refusant de le reconnaître en tant que sujet autonome. Janine et André n'ont pas agi par perversion sadique ni par goût masochiste de la souffrance, mais parce qu'ils ne pouvaient pas faire autrement, du fait de leur structure névrotique et de leurs échecs amoureux antérieurs. Plusieurs interprétations peuvent être données à cette relation d'aliénation névrotique réciproque dans laquelle chacun se trouve prisonnier de l'autre, je retiendrai celle qui fait appel au concept psychanalytique de castration.

André souffre d'angoisse de castration. Au cours de sa première enfance, il n'a pas renonçé à son désir œdipien, ni accepté de se soumettre à la loi du père. Il est donc resté un enfant, esclave de ses désirs, incapable de supporter la moindre frustration.

Les épreuves de la vie : la mort de ses parents, l'échec de sa première union conjugale et celle de sa liaison amoureuse avec Claudine, il ne les a pas acceptées. Il s'est fixé dans une position narcissique et a développé des mécanismes de défense névrotiques, en particulier une phobie des engagements durables. En tombant amoureux de Janine, André a cru trouver en elle le complément érotique et narcissique qui mettrait fin à son angoisse. Dès qu'il s'est rendu compte que Janine était possessive et castratrice, qu'elle était « une femme-harpon », une harpie ? il a réagi en fonction de ses mécanismes de défense névrotiques, en fuyant devant celle qu'il croyait dangereuse pour lui, sans chercher à comprendre pourquoi, ni à réagir autrement.

Janine, de son côté, souffre d'un complexe de castration. Elle a été humiliée en tant que femme, par son père et son ex-mari, elle cherche inconsciemment à se venger sur un homme faible. Janine est d'emblée jalouse de Claudine en fonction de son expérience passée des hommes et se persuade que, si André cherche à lui échapper, c'est qu'il s'est laissé reprendre par une femme plus forte qu'elle. Plus Janine se montre jalouse et possessive, plus André est tenté de la fuir, mais cela, Janine ne le comprend pas. Un décalage se manifeste donc, à un niveau inconscient, entre le désir de l'un et le désir de l'autre qui fait que le désir de l'un finit par correspondre à l'angoisse de l'autre et réciproquement. Les conflits entre eux ont donc rapidement dégénéré en affrontements destructeurs et n'ont jamais pu se résoudre. A la différence de Suzanne et de son mari, chacun a cherché à sauver sa peau en se repliant sur lui-même, mais comme le désir a subsisté longtemps entre eux, malgré tout, les séparations et les réconciliations se sont succédées interminablement.

## CAS N°15

# L'échec d'un couple mixte

### *Exposé du cas*

*Patricia a vingt-neuf ans quand elle me consulte pour la première fois. Elle est éducatrice et travaille à plein temps, bien qu'elle ait trois filles âgées de dix, six et deux ans. Son mari est d'origine maghrébine et ne travaille pas. Patricia est très malheureuse avec lui, les enfants aussi, et elle se demande si elle ne devrait pas se séparer de lui. Elle ne lui en veut pas et fait beaucoup d'efforts pour le comprendre, mais elle n'y parvient plus. Ils n'ont plus de rapports sexuels depuis plusieurs mois.*

*Patricia est d'origine rurale. Elle a trois frères, beaucoup plus âgés qu'elle, avant eux, deux sœurs étaient nées et décédées en bas âge. Sa mère avait plus de quarante ans à sa naissance, son père encore plus, elle n'était plus attendue. Elle est née avec un handicap moteur qui a nécessité de nombreuses interventions chirurgicales et des placements en maisons de convalescence. Patricia s'est toujours sentie mal aimée dans sa famille, «en trop». Elle a fait une tentative de suicide à l'adolescence à la suite d'une déception amoureuse, peu de temps avant de partir en vacances en club, à l'étranger. Patricia a dix-huit ans quand elle y rencontre son futur mari qui est employé dans ce club. Elle a le coup de foudre pour lui dès qu'elle l'aperçoit. il est beau, aimable, plein d'attention, il a dix ans de plus qu'elle et vient de divorcer. Patricia rentre en France avec lui et l'héberge, elle est enceinte de lui depuis leur premier rapport sexuel. Pendant sa grossesse et son congé post-natal, Patricia se rend compte que son ami sort beaucoup, il fréquente des bars où il rencontre des prostituées et dépense tout l'argent qu'il gagne. Quand Patricia lui fait des reproches, il lui dit qu'il a le mal du pays et qu'il souffre d'être sans nouvelles des enfants nés de sa première union. Malgré l'opposition de sa famille, Patricia épouse son ami aussitôt après la naissance de leur première fille. Pendant quelques mois, ils sont très heureux ensemble à cause du bébé qu'ils adorent tous les deux.*

*Par la suite, le mari reprend ses habitudes de sorties entre hommes, comme cela se fait dans son pays. Il garde tout son salaire pour lui et pour sa famille d'origine. A plusieurs reprises, Patricia envisage de divorcer, ne supportant pas ce mode de vie conjugale. Pourtant ils s'aiment et ont des rapports sexuels fréquents et satisfaisants, les filles adorent leur père. Les deuxième et troisième grossesses sont voulues et correspondent à des tentatives de réconciliation. Patricia aurait aimé donner un fils à son mari dans l'espoir de le fixer un peu plus au foyer. Cela n'a pas été le cas et le mari lui reproche maintenant de n'avoir mis au monde que des filles. Après la troisième naissance, Patricia est découragée. Elle demande sans succès à son mari de l'aider dans les tâches ménagères et de garder les enfants, il le pourrait puisqu'il est au chômage depuis plusieurs mois. Lui voudrait retourner vivre dans son pays avec elle et les trois filles. Avec les économies de Patricia, ils se sont fait construire là-bas une maison de vacances, ils pourraient y vivre en permanence. Comme Patricia refuse, son mari devient brutal et la frappe ainsi que ses filles, il exige qu'elle lui donne de l'argent pour ses sorties. Quand Patricia se plaint de ses mauvais traitements et parle à nouveau de divorce, il la menace de retourner dans son pays avec les trois filles, il prétend qu'il va en obtenir la garde du fait que Patricia consulte un psychiatre et qu'elle est donc une malade mentale.*

*Quand elle s'engage dans une psychothérapie, Patricia est vraiment malheureuse, elle se rend compte que son mari l'a exploitée. Elle l'aime toujours, malgré ses défauts et la vie qu'il lui a fait mener, mais elle se rend compte que ça ne peut plus durer, ni pour elle, ni pour ses filles qui détestent maintenant leur père. Ce qui la retient, c'est la crainte d'une crise de fureur de son mari lorsqu'il devra quitter le domicile conjugal. J'ai suivi Patricia pendant un an, je n'ai jamais eu d'entretien avec le mari. La procédure du divorce n'a pas déclenché de réactions violentes. Dès qu'il a compris que Patricia était bien déterminée, il est reparti seul dans son pays et n'a plus jamais donné signe de vie. La garde des enfants a été évidemment attribuée à Patricia, elle n'a pas cherché à obtenir de pension alimentaire pour les élever ni la demi-propriété de la maison de vacances. Pendant quelques mois, son mari lui a manqué, mais elle a trouvé auprès de sa famille et de ses collègues le soutien affectif, moral et matériel qui lui était nécessaire.*

## Analyse psychologique

Quand Patricia me consulte, elle ne s'adresse pas au psychiatre mais au psychanalyste, elle me demande une aide psychologique à un moment critique de son existence. Depuis quelques mois, Patricia est en conflit avec son mari et ne comprend pas pourquoi il est devenu violent. Elle ne fait pas de lien entre son agressivité et la frustration sexuelle qu'elle lui impose depuis qu'elle envisage de le quitter sans oser le faire. Quand je lui donne cette interprétation, Patricia l'accepte, elle comprend aussitôt qu'elle s'est déjà séparée affectivement et sexuellement de son mari, que celui-ci en a conscience et qu'il réagit agressivement à cela. Patricia comprend aussi qu'elle a intérêt à analyser avec moi, semaines après semaines, les décisions qu'elle va prendre en engageant une procédure de divorce et les réactions que celles-ci produiront sur son mari.

### LA RENCONTRE AMOUREUSE ET LES DÉBUT DE LA VIE À DEUX

Quand Patricia rencontre son futur mari, elle n'est pas encore remise de sa déception amoureuse. Elle a voulu mourir parce qu'elle a eu l'impression que personne ne voulait l'aimer ni être aimé par elle. Son futur mari est probablement dans la même situation et dans les mêmes dispositions qu'elle. Le coup de foudre et la passion amoureuse qui les attachent immédiatement l'un à l'autre s'explique facilement. Ils sont en état de manque sur le plan affectif, chacun d'eux va combler le vide affectif de l'autre. Les différences d'âge de personnalité, de culture passent au second plan. L'enfant attendu par Patricia devient aussitôt leur point de fixation. Pour eux, il n'est pas en trop, il scelle d'emblée leur union et précipite simplement le passage d'une vie à une autre, tant pour Patricia que pour son amant. Patricia accepte facilement sa nouvelle vie et son concubin tel qu'il est, sans exiger qu'il s'adapte aussitôt à elle et à son nouveau pays. Elle tolère qu'il sorte sans elle et même qu'il ait des rapports sexuels avec des prostituées, pendant sa grossesse, pour soigner son mal du pays. Patricia, aveuglée par l'amour, ne se rend pas compte que son ami veut continuer à mener en France la double vie qu'il menait déjà dans son pays et que sa première épouse n'avait pas supporté. Il veut être l'amant de Patricia, rien de plus. Le fait qu'il ne participe pas aux frais du ménage et se contente d'être hébergé par elle en est le signe pour l'entourage, mais pas pour Patricia.

Par amour pour son ami, Patricia passe facilement d'une relation érotique à une relation conjugale. Elle accepte facilement, et même trop facilement, qu'il soit différent de l'homme idéal qu'elle attendait et qu'il continue à vivre comme un homme célibataire. Il n'en est pas de même pour son ami, Patricia n'est pour lui qu'un objet de désir et d'amour, lui, de son côté, ne souhaite pas être autre chose pour elle. Il ne veut pas abandonner son statut narcissique d'enfant gâté qu'il a déjà voulu conserver dans sa première union. Patricia l'aime tel qu'il est, mais elle espère qu'il va changer à son contact et aussi au contact du bébé qu'elle va lui donner. Son amant, l'aime parce qu'il se sent aimé par elle comme il ne l'a jamais été et qu'elle l'accepte tel qu'il est. Au moment du mariage, ils s'aiment vraiment l'un et l'autre, mais chacun à sa façon.

## LES HAUTS ET LES BAS DE LA VIE CONJUGALE

Malgré leurs conceptions différentes de la vie conjugale, Patricia et son mari vivent ensemble pendant dix ans, avec des hauts et des bas. Ils mènent des vies bien cloisonnées, chacun d'eux a son milieu de vie propre, tant sur le plan professionnel et relationnel que sur le plan culturel et religieux. Patricia et son mari ne sont pas jaloux l'un de l'autre, leurs disputes, qui sont fréquentes, ont pour origine des problèmes financiers. Patricia menace alors son mari de le quitter, la réconciliation a lieu sur l'oreiller. Ils partagent de bons moments, pas seulement au lit, ils sont heureux de s'occuper ensemble de leurs filles et de passer des vacances en famille dans le pays du mari. Ils ont eu le même désir déçu d'avoir un fils. Les meilleurs moments de leur vie conjugale ont été ceux où ils ont conçu leurs enfants et se sont occupés ensemble d'eux lorsqu'ils étaient bébés. Au cours de sa psychothérapie, Patricia s'est rendu compte que son mari s'était progressivement détaché d'elle et de ses filles et qu'elle s'était laissée abuser en croyant que son mari lui serait reconnaissant d'investir toutes ses économies dans la maison de vacances en Afrique. En fait, il cherchait à s'aménager une position de repli dans son pays. Il ne se plaisait plus en France et n'avait plus envie de travailler. Il se sentait en échec, en infériorité, par rapport à elle et ses filles, il était trop narcissique pour l'admettre et le supporter.

## LA RUPTURE

Patricia a analysé, pendant sa psychothérapie, les circonstances et les étapes de la rupture du lien conjugal. Le point de départ est le refus du mari de garder les enfants et d'effectuer des tâches ménagères alors qu'il est sans activité et que Patricia travaille à temps plein. Sa conception de la vie conjugale ne lui permet pas d'accepter cette inversion des rôles traditionnels de l'homme et de la femme à la maison. Le mari propose alors à Patricia une autre solution : aller vivre dans son pays, lui s'y sentirait mieux, il y trouverait facilement du travail et ils seraient tous les cinq heureux là-bas, comme ils le sont pendant les vacances. Patricia refuse à son tour la proposition de son mari. Elle ne pourrait pas vivre en permanence dans le pays du mari, ses filles non plus, elle ne pourrait pas y trouver un emploi qui lui convienne, elle serait malheureuse loin de sa famille et de ses amis... Ce double refus est apparu rétroactivement à Patricia comme la cause déclenchante du processus de rupture. Chacun refuse alors de poursuivre la vie en commun aux conditions de l'autre, plus aucun compromis n'est possible, la guerre est déclarée entre eux, elle ne peut se terminer que par un divorce.

Le mari s'obstine dans son refus d'être un homme au foyer et manifeste de plus en plus clairement son désir de retourner dans son pays avec ou sans elle. Patricia prend alors conscience que son mari ne l'aime plus vraiment puisqu'il préfère maintenant son pays et sa famille d'origine à elle. Patricia se rend compte qu'elle-même est en train de se détacher de lui et qu'elle n'aime plus son mari tel qu'il lui apparaît maintenant. Ne l'aimant plus, elle n'a plus de désirs sexuels pour lui et le repousse quand il veut avoir des rapports avec elle. Le mari accepte mal d'être privé du seul plaisir qui le retenait encore auprès de Patricia, c'est pour lui une frustration sexuelle et une humiliation narcissique insupportables. Il ne tarde pas à réagir sur un mode agressif et frappe Patricia, pour la première fois, à cause de son refus répété d'avoir un rapport sexuel avec lui. Par la suite, le mari frappe aussi ses filles et devient un tyran domestique, irascible et violent. Le dialogue est définitivement rompu, c'est le règne de la terreur et du chantage. Patricia n'est pas masochiste, la relation bourreau-victime ne lui convient pas, elle se rend compte qu'il faut mettre fin au plus vite à la vie en commun, mais elle craint la fureur de son mari lorsqu'elle devra lui faire part de sa décision. Quand Patricia me consulte, elle me demande de l'aider à surmonter son angoisse et à trouver le courage de demander à son mari de quitter le domicile conjugal. Après avoir dit à celui-ci qu'elle engageait une procédure de divorce, Patricia s'est sentie libérée et son mari n'a plus été violent, il a accepté sans difficulté de repartir seul dans son pays. Ni au moment de la crise, ni après, Patricia ne s'est déprimée, elle n'a jamais eu d'idées de suicide. Elle s'est sentie soulagée, ainsi que ses filles, après le départ de son mari. Elle a cependant poursuivi sa psychothérapie pour comprendre pourquoi et comment elle avait pu vivre si longtemps avec quelqu'un qui ne l'aimait pas vraiment.

## LES COUPLES MIXTES SONT-ILS VIABLES ?

On ne peut répondre à une telle question en général. En psychopathologie de la vie amoureuse, on ne rencontre que des cas particuliers qui ne peuvent être interprétés qu'à partir de l'histoire particulière de chacun des conjoints et de l'histoire de leur vie conjugale antérieure. Les particularités ethniques ou religieuses sont les plus visibles, mais pas les plus importantes. La viabilité à long terme d'un couple ne dépend que d'une seule condition, nécessaire et suffisante : l'établissement d'une relation intersubjective. Cette condition, Patricia l'a remplie de son côté, mais pas son mari, c'est pour cela que le lien conjugal s'est rompu. Il l'aurait peut-être remplie lui-même, si Patricia s'était montrée plus exigeante dès le début de leur union. De toute façon, pour eux, la rupture n'a pas été déterminée par des causes ethniques ni religieuses.

## CAS N° 16

# Un constat d'échec longtemps différé

### *Exposé du cas.*

*Solange, trente ans, vit en concubinage depuis douze ans avec un homme de quarante-cinq ans, divorcé, sans enfant. Ils habitent à la campagne, loin de tout, et ne sortent jamais ensemble. Ils sont l'un et l'autre travailleurs sociaux. Son ami est un soixante-huitard attardé qui s'est récemment converti à l'écologie. Depuis quelques années, Solange s'ennuie avec son ami, elle n'a plus de désirs sexuels pour lui, lui non plus pour elle. Le jardin et les abeilles sont ses seules passions. Quand Solange se retrouve seule à la maison, elle noie son chagrin dans l'alcool. Elle a eu, récemment, plusieurs accidents de voiture sans gravité parce qu'elle était ivre. Solange se rend compte qu'elle est dans une impasse existentielle, elle me demande une psychothérapie pour s'en dégager.*

*Solange est née à la campagne. Son père est agriculteur, il avait peu de personnalité et ne s'occupait guère de sa famille, se laissant totalement absorber par les travaux des champs. Sa mère était une femme anxieuse et peu affectueuse qui se retranchait derrière des principes religieux et moraux rigides. Solange a un frère et une sœur, plus âgés qu'elle, qui se sont bien conformés au modèle parental. Solange a toujours été en conflit avec ses parents. Son père ne réagissait pas à ses provocations, sa mère ne la supportait pas et la frappait. Solange s'est opposée à la plupart de ses enseignants, elle a redoublé plusieurs classes et n'a jamais eu de bons résultats scolaires. Elle a été placée en internat jusqu'à sa majorité. Dès qu'elle a eu dix-huit ans, Solange a abandonné ses études, a rompu avec ses parents et s'est réfugiée chez son ami actuel qui venait de quitter son épouse. Depuis douze ans, il est, pour elle, à la fois un père, une mère, un grand frère et accessoirement un amant, cela lui a longtemps convenu. Maintenant, Solange aspire à une autre vie, mais elle en a peur. Pendant longtemps, elle a pensé avoir un enfant de son ami et l'épouser, mais lui y est opposé par principe. Elle ne comprend pas pourquoi il n'a plus de désirs sexuels pour elle, ni pourquoi il ne s'inquiète pas de ses aventures extra-conjugales, ni de ses excès alcooliques. Rien ne semble l'émouvoir, pas même les scènes qu'elle lui fait lorsqu'elle est ivre. Avec lui, elle peut faire tout ce qu'elle veut, il ne lui impose jamais rien et ne lui fait jamais de reproches. Il est persuadé qu'elle ne peut pas le quitter parce qu'il lui apporte une sécurité matérielle et affective qu'elle ne pourrait trouver nulle part ailleurs.*

*Solange a poursuivi sa psychothérapie pendant quelques mois. Elle a analysé ses relations avec son ami et, parallèlement, celles qu'elle avait eues avec ses parents. Elle a aussi repris contact avec un ancien camarade de lycée, son premier amour, qu'elle avait perdu de vue depuis plus de dix ans et qui venait de divorcer. Il était alors en cure de désintoxication alcoolique dans une maison de santé. Solange a cru qu'elle pourrait l'aider et qu'ils pourraient à nouveau s'aimer, comme si rien ne s'était passé depuis douze ans. Elle s'est vite rendu compte qu'il ne l'aimait plus et qu'il ne lui demandait rien. Elle a compris aussi, à son contact, ce qu'elle risquait de devenir si elle continuait à abuser de l'alcool. Solange a eu, par la suite, une liaison avec un collègue marié qu'elle rencontrait à l'hôtel, quand il parvenait à se rendre libre, elle ne pouvait rien attendre d'autre de lui. Au milieu de sa psychothérapie, Solange a décidé de quitter son ami et de louer un appartement en ville, sans rompre vraiment avec lui, elle allait le voir plusieurs fois par semaine. C'est son ami qui a le plus mal supporté cette séparation. Solange a retrouvé progressivement le désir et le plaisir de vivre, elle s'est intégrée à un groupe de collègues célibataires. Solange sort beaucoup mais ne recherche plus d'aventures et ne s'énivre plus. Elle s'investit beaucoup plus dans son métier, fait des voyages et a des activités culturelles. Solange reste cependant centrée sur elle-même. Elle espère, sans trop y croire, qu'elle peut encore rencontrer l'homme de sa vie et avoir des enfants, mais elle pense aussi qu'elle peut être heureuse en continuant à vivre seule, comme la plupart de ses amis actuels. Solange apprécie son indépendance et regrette seulement de ne pas l'avoir prise plus tôt.*

## Etude psychologique

### LA SITUATION DE SOLANGE AU MOMENT OÙ ELLE ME CONSULTE

Solange a trente ans, c'est l'âge où la plupart des femmes célibataires se posent la question de leur avenir en voyant leurs amies se marier et avoir des enfants. Elles savent qu'elles ne pourront plus refouler indéfiniment leur désir d'être mère et de se fixer pour de bon à un conjoint. Solange est bien fixée à son ami et ne court aucun risque de le perdre, mais il refuse d'officialiser leur union et d'avoir des enfants. Le métier qu'ils exercent les met en contact journellement avec des parents et des enfants malheureux ou en échec, cela ne les incite guère à s'engager eux-mêmes dans la vie. Solange et son ami vivent retirés du monde, dans une solitude à deux, ils n'ont plus de relations avec leurs familles d'origine et ne fréquentent personne en dehors de leur milieu professionnel. Ce repli narcissique à deux, ce cocooning, a bien convenu à Solange pendant quelques années, mais, maintenant, elle ne supporte plus cette vie conjugale trop routinière, sans perspective d'avenir. Ils n'ont plus grand chose à se dire et ne font plus rien ensemble, pas même l'amour. Il n'y a jamais de conflits entre eux parce que son ami ne réagit jamais à ses provocations, Solange pense maintenant que ce n'est plus par amour, mais par indifférence, cela ne la calme plus, mais l'exaspère au contraire. Elle se sent frustrée et réagit en s'énivrant seule à la maison ou en fréquentant des bars de nuit où elle fait la fête et accepte d'avoir des rapports sexuels avec des inconnus. Son ami la laisse faire et ne manifeste aucune jalousie. Quand elle me consulte, Solange sait déjà qu'elle n'aime plus son ami et que celui-ci ne l'aime plus, elle sait aussi qu'il n'y a plus rien à faire pour resserrer leur lien amoureux complètement distendu. Il lui faut quitter son ami et voler maintenant de ses propres ailes. Pour cela, elle a besoin de prendre appui sur quelqu'un et d'y être encouragée, c'est ce qu'elle me demande.

## L'HISTOIRE DE SOLANGE ET CELLE DE SON AMI

Solange est d'origine rurale. En rompant avec sa famille d'origine, elle croit fuir la campagne, or, elle s'attache à un homme de la ville qui veut se fixer avec elle en pleine nature. Son père passait tout son temps aux champs, maintenant, son ami fait de même dans son jardin. Solange souffrait du manque d'amour et de compréhension de sa mère, maintenant elle se plaint de la même chose de la part de son conjoint. En rencontrant son ami, elle rompt tout lien affectif avec sa famille et son milieu d'origine, son ami fait de même, mais, maintenant, elle en souffre et ne supporte plus l'isolement affectif qu'elle a recherché autant que lui. Pendant toute son enfance et son adolescence, Solange a été en révolte contre ses proches, contre la société, elle a rencontré quelqu'un qui était comme elle et s'en est trouvée bien, mais, maintenant, elle est en révolte contre son ami, elle lui fait des scènes, comme elle en faisait à ses parents, mais lui ne réagit pas.

Son ami a participé au mouvement de contestation des étudiants en mai 68 et ne s'en est jamais remis. Il est resté fixé, depuis plus de vingt ans, dans un statut d'éternel adolescent. Anarchiste et nihiliste, il critique systématiquement tout ce que font les autres, mais refuse tout engagement personnel, en particulier le mariage et la procréation. Je ne connais pas son passé familial, il est bien probable qu'il s'est enfermé dans cette attitude par réaction à ce passé. Depuis quelques années, cet homme se désintéresse de la vie du monde, probablement déçu de constater que rien ne s'y passe comme il l'aurait voulu. Il est certainement encore plus déçu de n'avoir pas réussi à être heureux avec Solange, mais ça, il ne lui a jamais avoué. Son ami se tourne alors, comme d'autre avant lui, vers la mère-nature, sa nouvelle maîtresse, pour se consoler. Il ne fait rien pour retenir Solange quand elle cherche à trouver son bonheur ailleurs. Cela s'était déjà passé ainsi quand sa première conjointe l'avait quitté.

## LA PSYCHOTHÉRAPIE DE SOLANGE

En s'engageant dans sa psychothérapie, Solange décide de quitter le monde clos de l'enfance, où elle s'est enfermée avec son ami pendant douze ans, pour tenter de vivre en adulte, c'est à dire en personne indépendante et responsable d'elle-même, qui assume ses échecs sans s'en prendre aux autres ou aux institutions en place. Elle ne veut plus jouir du confort affectif et matériel de son ami. Elle se rend compte qu'elle s'est laissée endormir par lui et qu'elle a adopté son modèle de vie, hors du temps et de l'espace. Elle s'est modelée sur lui comme son frère et sa sœur sur leurs parents. Son ami, qui est éducateur, s'est comporté comme tel avec elle et l'a rééduquée à sa manière, en étant à la fois un père, une mère et un frère aîné. Depuis quelques années, il est devenu, pour elle, un père œdipien, ressemblant de plus en plus à son père réel, par sa personnalité et ses activités. Au début, son ami a eu sur elle une influence sécurisante et stabilisante, mais il l'a coupée du courant de la vie et lui a pris les douze meilleures années de sa vie qu'elle ne pourra jamais récupérer.

Au cours de sa psychothérapie, Solange a tenté de rattraper le temps perdu et de vivre comme si elle avait toujours dix-huit ans. Elle a tenté de renouer avec son ami d'enfance, d'avoir une liaison avec un collègue, elle s'est rapidement rendu compte qu'elle répétait des expériences malheureuses du passé qui ne pouvaient qu'aboutir à de nouveaux échecs. Elle a aussi rapidement compris qu'elle fuyait, d'une autre façon, la réalité en s'énivrant et en ayant des rapports sexuels avec le premier venu, comme une prostituée.

En quittant son ami et en s'installant seule dans un appartement en ville, Solange accepte d'être ce qu'elle est et d'assumer son statut de femme célibataire disponible, mais pas pour n'importe qui. Elle a trouvé facilement sa place dans un réseau relationnel. Quand elle a mis fin à sa psychothérapie, tout lui semblait encore possible mais elle n'était plus pressée d'arriver au but et se sentait bien ainsi. Avec moi, Solange ne s'est pas vraiment engagée dans une relation de transfert, elle n'est pas parvenue à nouer avec moi une relation intersubjective, je ne sais si elle y est parvenue, plus tard, avec quelqu'un d'autre.

# Maladies et mort du lien conjugal

## TROIS FORMES DE PATHOLOGIE DU LIEN CONJUGAL

Les trois cas cliniques que je viens d'étudier représentent, d'après mon expérience, les trois formes principales de pathologie du lien conjugal.

*1- Les relations de dépendance réciproque*

Dans certains couples, les deux conjoints sont, comme André et Janine, en conflit permanent et se rendent la vie insupportable, pourtant, ils ne peuvent pas se passer l'un de l'autre. S'ils se séparent momentanément, ils se réconcilient rapidement, jusqu'à la prochaine crise. La jalousie de l'épouse est le plus souvent à l'origine des disputes, elle s'oppose à la revendication de liberté de l'époux. La possessivité de l'épouse fait fuir l'époux qui est aussitôt suspecté d'infidélité, une course poursuite s'engage alors entre eux. Si celui qui fuit se réfugie dans les bras d'une autre, cela ne dure pas, car les deux conjoints ne peuvent vraiment pas vivre l'un sans l'autre. Chacun est persuadé d'avoir raison, parce qu'incapable de se mettre à la place de l'autre. Quand l'un se sent bien, l'autre se sent mal, ils sont toujours en décalage l'un par rapport à l'autre, mais ce n'est pas toujours le même qui souffre, il y a bascule d'une crise à l'autre. Dans ces couples, il y a beaucoup de disputes, mais peu d'échange de coups, quand l'un devient agressif, l'autre fuit ou du moins ne réagit pas agressivement. Dans de tels couples, mari et femme se font souvent souffrir mais ils vivent aussi ensemble de grands moments de bonheur lorsqu'ils se réconcilient. Il y a alternance de phases d'exaltation au cours desquelles ils ont l'impression de s'aimer comme aux premiers jours et de phases de dépression au cours desquelles ils se font d'incessants reproches. La vie conjugale se poursuit ainsi tant que ce lien de dépendance se maintient, souvent jusqu'à la mort de l'un des conjoints. La séparation ne peut se produire que si celui qui fuit rencontre une partenaire du même type que son épouse, encore plus possessive qu'elle.

*2 - Les relations asymétriques*

Patricia et son mari se sont aimés passionnément pendant près de dix ans. Au moment de leur rencontre, ils se situaient au même niveau psychologique, mais, avec le temps, un dénivellement s'est produit. Les épreuves de la vie ont fait progresser Patricia qui est devenue une femme adulte, bien équilibrée. Son mari, au contraire, a régressé en ne parvenant pas à adopter le mode de vie européen, ni à tenir sa place de mari et de père auprès de Patricia. Tant qu'elle a été aveuglée par l'amour, Patricia a supporté les épreuves que son mari lui faisait endurer, mais, quand elle s'est rendu compte qu'elle l'avait laissé cent lieues derrière elle, la rupture est devenue inévitable.

Beaucoup de couples évoluent suivant ce modèle de relation asymétrique qui aboutit, tôt ou tard, à une rupture brutale et irréversible. Le conjoint, qui n'a pas suivi le rythme d'évolution de l'autre, réagit fréquemment sur le mode agressif, comme le mari de Patricia, ce qui a le plus souvent comme effet le déclenchement d'une procédure de divorce. Dans d'autres cas, il y a constat d'échec, mais pas séparation, chacun continue à vivre à sa façon et à son rythme, tolérant l'autre tel qu'il est, parce que chacun pense que c'est son intérêt. Les échanges conjugaux sont alors réduits à leur strict minimum, tant sur le plan affectif et sexuel que sur le plan matériel. Ces relations asymétriques ne deviennent jamais sadomasochistes. Si le conjoint resté immature adopte un comportement sadique, l'autre réagit comme Patricia. Momentanément terrorisé, il trouve finalement le courage de rompre pour ne plus souffrir.

*3 - Le dépérissement progressif du lien conjugal*

Comme je l'ai écrit précédemment dans le chapitre Psychanalyse du lien amoureux, l'amour conjugal est comparable au feu du foyer domestique des Romains, il meurt si on ne l'entretient pas. Le feu de l'amour s'était éteint depuis des années dans le foyer de Solange et de son concubin. Ils poursuivaient leur cohabitation par habitude, par intérêt et par peur de la solitude, mais ils ne faisaient plus rien ensemble et n'avaient plus de projets communs. Il n'y avait plus d'échanges entre eux. C'est ainsi que meurt le plus souvent le lien conjugal, par désinvestissement progressif bilatéral. Cette mort se révèle rétroactivement, lorsque l'un des conjoints tombe amoureux d'un tiers. Cette nouvelle passion n'est souvent qu'un feu de paille, sa transformation en une véritable relation conjugale exigerait que le conjoint infidèle ait résolu ses complexes inconscients à l'origine de son incapacité à aimer ou à être aimé.

*4 - Psychopathogénèse*

A l'origine de ces trois formes cliniques de pathologie du lien conjugal, on peut facilement mettre en évidence, comme je l'ai fait dans les trois cas précédents, une relation œdipienne. L'un des conjoints est en position d'enfant, l'autre de parent, les positions pouvant s'inverser ou se superposer. L'évolution spontanée se fait dans trois directions : une fixation dans la dépendance réciproque, ou bien, d'une façon asymétrique, l'un des conjoints résout son complexe d'Œdipe et devient autonome, l'autre n'y parvient pas et s'enferme dans une position narcissique, ou encore, on assiste à une régression narcissique bilatérale.

J'ai suivi en psychothérapie pendant de longues années un certain nombre de femmes malheureuses qui rendaient leurs maris malheureux parce qu'il existait entre eux une relation de dépendance réciproque qui les conduisait à se détruire l'un l'autre, l'épouse se déprimant et faisant des tentatives de suicide, le mari devenant alcoolique et perdant son emploi. Dans de tels couples, il n'est pas possible de dire qui est le bourreau, qui est la victime, l'épouse, habituellement considérée comme la victime, apparaît au cours de la psychothérapie aussi sadique que son mari, c'est pourquoi je ne les considère pas comme des couples sadomasochistes. D'ailleurs, y a-t-il des couples sado-masochistes ? Dans les magazines féminins ou les ouvrages de vulgarisation, les relations sadomasochistes occupent une grande place. Le mari est décrit comme un sadique pervers qui prend un malin plaisir à faire souffrir son épouse, celle-ci éprouverait, de son côté, un plaisir masochiste symétrique en jouissant de sa souffrance. Dans ma pratique de psychiatre, je n'ai jamais rencontré de tels couples.

## LA SÉPARATION : UNE OPÉRATION DOULOUREUSE MAIS SALUTAIRE

La séparation des conjoints est symboliquement une opération chirurgicale douloureuse, mais le plus souvent salutaire, elle correspond au concept psychanalytique de castration. Les hommes et les femmes, qui sont proches de la rupture et se posent la question du divorce, consultent souvent le psychiatre analyste et prennent leur décision au cours de leur psychothérapie. Pendant des décades, on a ainsi accusé les psychanalystes d'inciter leurs patients à divorcer. En fait, celui-ci incite simplement son patient ou sa patiente à faire l'analyse de sa situation conjugale, de son point de vue, mais aussi du point de vue de l'autre. Cette analyse aboutit souvent à la prise de conscience d'un échec définitif. Au cours de sa psychothérapie, le patient comprend ce qui, au niveau de son inconscient et de celui de son conjoint, est à l'origine de cet échec et comment leur relation amoureuse est devenue une relation pathologique. C'est alors qu'il décide d'y mettre fin avant qu'elle ne produise, en chacun, des dommages irréversibles. Pour cela, le patient prend appui sur son thérapeute en position de père symbolique, il peut ainsi, plus facilement, désinvestir son conjoint et accepter l'amputation narcissique qu'elle représente pour lui. Avant de prendre sa décision, le patient doit surmonter sa peur de l'annoncer à l'autre, son angoisse de se retrouver seul, sa tentation de fuir en avant, ou en arrière, en se fixant amoureusement sur n'importe qui. Dans ces moments de crise, de pré-rupture, chacun des conjoints a tendance à agir plutôt qu'à réfléchir. La plupart des passages à l'acte pourraient être évités, si chacun acceptait de réfléchir, auprès d'un psychothérapeute, au cours de la procédure de divorce.

La séparation résout la crise conjugale, mais pas les complexes psychologiques de chacun des conjoints. Quand il n'y a pas de psychothérapie engagée, on assiste le plus souvent à un repli narcissique du conjoint abandonné, du fait de la réactivation de son angoisse de castration, c'est le cas de l'ami de Solange, d'André et, probablement, du mari de Patricia, c'est le cas des hommes en général qui deviennent alors misogynes et même misanthropes.

Par la suite, s'il n'y a pas eu d'analyse de l'échec de la relation conjugale, les mêmes causes produisent les mêmes effets, il y a, suivant l'expression de Freud, compulsion de répétition. Le conjoint abandonné rencontre — par hasard ? — un nouveau partenaire ayant la même structure psychique inconsciente que le précédent, un nouvel échec est donc à prévoir. Seule, la résolution des complexes infantiles permet l'établissement d'une véritable relation conjugale intersubjective. Pour y parvenir, une relation de transfert est nécessaire avec un partenaire qui accepte momentanément de se prendre pour le père, la mère ou le frère sans en abuser ni réagir agressivement. Pour réussir dans son entreprise celui-ci doit avoir résolu lui-même ses complexes infantiles et être apte à établir une relation intersubjective. Cette personne rare peut être un partenaire amoureux ou un ami, elle est le plus souvent un psychanalyste.

# III

# ESQUISSE D'UNE PSYCHOPATHOLOGIE INTERSUBJECTIVE

# 1 - PSYCHOGENÈSE INTERSUBJECTIVE DE CET ESSAI DE PSYCHOPATHOLOGIE

J'ai conçu et réalisé cet essai de psychopathologie de la vie amoureuse à partir de ma pratique de psychothérapeute et seulement à partir d'elle. J'ai choisi les troubles de la vie amoureuse comme thème de mes cours à l'Université Nancy II de 1987 à 1994 parce qu'ils correspondaient à la demande de consultation la plus fréquente de mes clients et aussi aux questions personnelles les plus fréquentes des étudiants. En me consacrant à une étude longue et approfondie de ce thème, je me suis rendu compte qu'il s'agit d'un secteur négligé de la recherche clinique comme le sont plus généralement tous ceux qui concernent la vie affective. On ne s'intéresse plus qu'au cognitif ou au comportemental, aussi bien du côté des psychologues que du côté des psychiatres. J'ai voulu étudier et enseigner la psychopathologie, comme l'a fait Freud en son temps, en analysant les troubles psychiques de la vie quotidienne dont chacun peut avoir l'expérience, qu'il soit considéré ou non comme malade. Pour moi, la psychopathologie n'est pas une affaire de spécialiste puisqu'elle concerne tous ceux qui s'intéressent au fonctionnement de leur psychisme et qui ont le désir de comprendre ce qui se passe dans leur « boîte noire ». Elle est la théorie agissante du psychothérapeute, en relation dialectique permanente avec sa praxis, elle évolue en fonction de celle-ci et ne peut être étudiée sans la référer constamment à la pratique du clinicien et du thérapeute. C'est pourquoi j'ai exposé mes cas cliniques avant de les analyser et d'en tirer la théorie, afin que chaque lecteur puisse accomplir, à ma suite ou à la suite de mes patients, le travail théorique que nous avons effectué ensemble au cours de la psychothérapie et qu'il puisse en vérifier la validité lui-même.

La théorie intersubjective de la psychopathologie que je vais développer ne peut être vraiment comprise que par celui qui a vécu l'expérience de la psychothérapie en tant que patient ou en tant que psychothérapeute, si possible les deux, successivement et dans l'ordre, ou alors par celui qui a accepté de se situer, par transfert et identification, dans une telle relation intersubjective, comme a dû le faire le lecteur qui m'a suivi jusqu'ici. Plus généralement, le savoir psychopathologique s'acquiert par élaboration psychique personnelle, à partir d'une expérience relationnelle telle que celle de la psychothérapie, de la relation amoureuse ou de la relation pédagogique. Cette connaissance de soi et de l'autre est encore aujourd'hui, comme au temps de Socrate, une maïeutique, c'est-à-dire un accouchement de soi. On ne devrait pas utiliser de concepts importés pour rendre compte de son expérience vécue, sans les avoir expérimentés et validés sur soi-même.

Cet ouvrage est le fruit d'une quadruple expérience professionnelle de longue durée :

- expérience de clinicien en tant que psychiatre, psychanalyste et expert judiciaire,
- expérience de psychothérapeute analyste,
- expérience d'enseignant universitaire en tant que chef de clinique ou de chargé de cours,
- expérience de psychanalyste didacticien et de contrôleur de psychothérapie.

Dans ces différentes fonctions, j'ai à jouer le rôle d'inducteur d'échanges intersubjectifs. Cet essai est aussi le fruit des expériences vécues de ma vie privée conjugale, familiale et sociale, même si je ne l'évoque pas. Je m'exprime après avoir vécu ces différentes expériences comme sujet ou comme objet, directement ou indirectement par transfert, en m'étant situé aux quatre pôles du schéma Z de la relation intersubjective. En tant qu'auteur de cet ouvrage, je suis point de convergence ou plus précisément point de capiton [1]. Les trois types de relations intersubjectives dont j'ai l'expérience : amoureuse, analytique et didactique, je les considère maintenant comme homologues et même identiques topologiquement, dans la mesure où elles sont toutes les trois des relations de transfert inscriptibles sur le schéma Z.

L'élaboration de cet essai de psychopathologie de la vie amoureuse a été lente et progressive, il a été souvent réécrit et corrigé avant que je parvienne à cette rédaction définitive. Auparavant, j'ai été l'acteur et le metteur en scène des différentes situations que je rapporte. L'analyse de la vie amoureuse s'est effectuée à plusieurs niveaux, par transferts successifs. À l'origine de chaque cas étudié, il y a le récit que m'a fait le patient de sa relation amoureuse avec son conjoint. Celle-ci a été analysée une première fois dans la relation transférentielle qu'il a eue avec moi. Une première interprétation de ses difficultés relationnelles a été élaborée par lui et moi. Peu de temps après la fin de la psychothérapie, alors que l'histoire du patient et de sa relation avec moi était encore bien présente dans mon esprit, je l'ai exposée oralement aux étudiants dans le cadre de mon cours sur la vie amoureuse. Avec eux, il y a eu analyse de l'analyse ou analyse au second degré de la vie amoureuse de mon patient et analyse au premier degré de ma relation psychothérapique avec lui. Cela s'est fait parce qu'une relation transférentielle didactique a pu s'établir entre certains étudiants et moi. Les années suivantes, j'ai rédigé le récit du récit du patient sur sa vie amoureuse et il est devenu un exposé de cas qui s'est ajouté ou non à d'autres exposés de cas pour constituer le polycopié annuel du cours. D'une année à l'autre, les études de cas se sont structurées et ont été classées par thèmes, en fonction des situations rapportées. J'ai pu alors concevoir une première théorie d'ensemble de la vie amoureuse qui est une analyse au troisième degré des histoires amoureuses ainsi rassemblées. Je l'ai mise au point après l'avoir soumise à la critique des étudiants qui ont bien voulu dialoguer avec moi. Je propose maintenant l'œuvre achevée à mes lecteurs potentiels, en souhaitant établir, avec eux aussi, un dialogue fécond. Cet essai peut être le support d'un transfert de connaissance entre moi et eux, s'ils parviennent à se situer à un pôle ou à un autre des relations intersubjectives que je vient de décrire. Dans cette chaîne de transfert intersubjectif, la transmission de connaissance est semblable à

1 - Cf. schéma p.29 de *l'Introduction à l'étude de la psychiatrie analytique.*

celle qui s'effectuait autrefois par tradition orale. Avant la rédaction de *l'Iliade et de l'Odyssée* ou de *la Bible*, plusieurs générations de transmetteurs intersubjectifs se sont succédés. La transmission du message a été fidèle parce que chaque personne-relais est parvenue à s'identifier par transfert à l'auteur ou aux auteurs de la première version du récit. J'ai déjà analysé cette question à propos du cas Jeannot-lapin dans *Introduction à l'étude de la psychiatrie analytique*. Chacun des relais exerce une fonction de filtre, de critique, il ne retient que ce qu'il juge essentiel, c'est-à-dire ce qui est vrai, bien et beau pour lui, donc pour tous les hommes. La connaissance par transfert correspond à la connaissance par l'amour de Spinoza. Celui-ci a été le premier à interpréter une particularité de la langue hébraïque qui utilise le même mot pour exprimer le concept de connaissance et celui d'amour. Cette connaissance par l'amour l'a amené, comme tous ceux qui ont suivi ce chemin, cette méthode, à l'amour de la connaissance. C'est cet amour qui permet d'expliquer la fidélité du transfert de connaissance par voie orale.

Cet essai de psychopathologie est finalement le fruit du lien transférentiel que j'ai noué pendant des années avec un grand nombre de patients et d'étudiants. La connaissance de l'homme, celle de sa psychopathologie, se transmet, comme la vie, par amour, elle a besoin pour cela d'une chaîne humaine continue et d'un engagement personnel de chacun des chaînons. On ne peut pas vraiment disserter sur l'amour sans en avoir eu la quadruple expérience en tant que sujet et objet aimant et aimé. On ne peut le faire qu'en confrontant son expérience vécue à celle des autres, sinon on réduit la psychopathologie de la vie amoureuse à n'être qu'une discipline universitaire, une scolastique, comme l'était la philosophie au Moyen-Âge, un assemblage de concepts abstraits, sans lien avec la vie réelle.

# 2 - MÉTAPSYCHOLOGIE DE L'INTERSUBJECTIVITÉ

La psychopathologie est née il y a plus d'un siècle, en même tant que la neurologie et parallèlement à elle. Elle est considérée, depuis son origine, comme la pathologie d'un appareil psychique plus ou moins assimilé à l'organe cerveau qui lui-même fait partie d'un ensemble plus vaste : l'organisme humain. Le concept individu des psychologues correspond au concept organisme des biologistes. La psychopathologie est encore considérée par la plupart des psychiatres et des psychologues comme une neuropsychopathologie individuelle. Les troubles psychiques étudiés sont interprétés comme l'expression d'un trouble du fonctionnement cérébral et pas comme un trouble relationnel. Freud lui-même, en concevant son appareil psychique et sa métapsychologie, a cru qu'il décrivait, par anticipation, le fonctionnement d'un appareil nerveux encore inconnu. Depuis un siècle, aucune preuve indubitable n'a confirmé cette théorie organiciste et individualiste du fonctionnement psychique et pourtant elle n'est pas abandonnée, elle est même devenue une idéologie, une croyance, qui anime, à leur insu, ceux qui y croient, dans leur recherche et leur enseignement. La plupart des psychologues et des psychiatres non analystes méconnaissent cette équation personnelle ou pensent la résoudre en se retranchant derrière leur protocole expérimental. Avant d'étudier et d'enseigner la psychopathologie, je suis passé par la filière de la neurologie, de la psychiatrie et de la psychologie universitaires. J'ai dû me dégager moi-même de cette idéologie organiciste et individualiste, avant de concevoir et de soumettre à l'épreuve de la psychothérapie et de l'enseignement interactif ma théorie duelle du fonctionnement psychique et de sa pathologie qui est une métapsychologie de l'intersubjectivité.

Le schéma en forme de Z qui représente le fonctionnement psychique duel s'inspire du schéma L de Lacan [(2)]. Celui-ci l'a proposé dans une étude sur les psychoses, il n'en a pas tiré une théorie de l'intersubjectivité et ne l'a pas utilisé, par la suite, dans sa pratique, ni dans son enseignement. Ce schéma s'inspire aussi de la distinction faite par les linguistes entre sujet de l'énoncé et sujet de l'énonciation. Je l'utilise dans mon enseignement depuis 1984 [(3)]. Dans mon ouvrage précédent : *Introduction à l'étude de la psychiatrie analytique*, en 1990, je fais du schéma Z le modèle topologique de la relation inter- et intrasubjective, je décris le processus de subjectivation comme intériorisation des différentes relations intersubjectives nouées par l'enfant au cours de son développement. Le schéma Z me permet d'expliquer comment le patient peut sortir de son enfermement narcissique ou œdipien, au cours de sa psychanalyse, et passer d'une position de patient passif à celle d'auteur actif de sa guérison. J'ai étudié et théorisé ce passage dans cet ouvrage, pages 67 à 72. Je demande au lecteur de s'y reporter.

---

2 - J. Lacan : *Ecrits* p. 548, Ed. du Seuil, 1966.

3 - R. Viry : *La psychopathologie, pathologie de l'intersubjectivité*, cours polycopié, Nancy II, 1984.

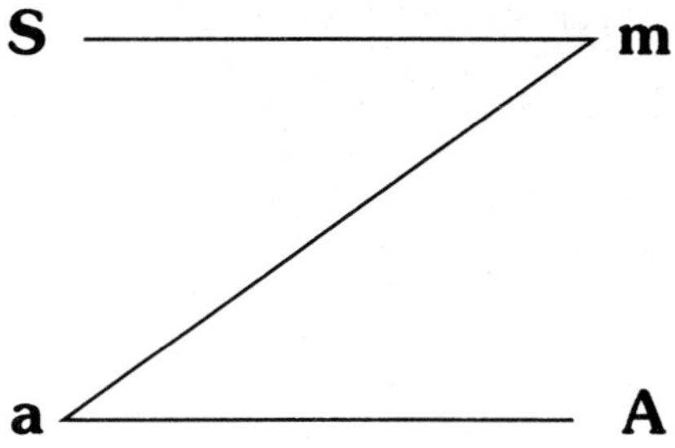


**S** : le moi en tant que sujet
**m** : le moi en tant qu'objet
**a** : l'autre en tant qu'objet
**A** : l'autre en tant que sujet

*Le schéma Z de la relation intersubjective*

Le schéma Z ci-dessus représente le dédoublement de soi et de l'autre en deux dipôles et leur relation croisée par l'intermédiaire des deux pôles objets. Il correspond à la figure de style appelée chiasme et à l'entrecroisement des fibres optiques entre chaque œil et le lobe cérébral auquel elles aboutissent appelé chiasma optique. Dans les schémas, pages 68, 69, 70 et 71, j'explique le mécanisme et la signification de cet entrecroisement en interposant un miroir sans tain entre m et a. Dans la relation narcissique, le miroir est totalement réfléchissant et me renvoie l'image que je me fais de l'autre, il devient transparent et laisse apparaître l'autre réel, si je gratte la pellicule d'argent complaisante qui s'interpose entre lui et moi. Cette opération correspond à l'interprétation donnée au cours d'une psychanalyse, lorsqu'une relation de transfert s'est instaurée. Le miroir sans tain est le miroir magique du conte de Blanche-Neige. Quand la reine l'interroge, il lui fait apparaître l'image de l'autre, plus belle qu'elle, il lui inflige ainsi une blessure narcissique. A la différence du patient en analyse, la reine ne tolère pas cette blessure et tue Blanche-Neige plutôt que de renoncer à l'image qu'elle se fait d'elle-même.

Le schéma Z est une figure à 4 pôles qui permet aussi de se représenter la position du sujet par rapport aux trois sommets du triangle œdipien : le moi m, le toi a et le tiers A. Résoudre son complexe d'Œdipe, c'est sortir du triangle de la rivalité sans fin pour se situer hors de lui en S et pouvoir établir ainsi d'autres relations intersubjectives, ailleurs. Occuper cette position d'extra-territorialité, c'est s'analyser en se situant comme sujet de l'énonciation, c'est-à-dire comme sujet de ses actes, de ses affects et de ses pensées, par rapport aux trois personnes grammaticales du singulier et du pluriel de la conjugaison des verbes : je, tu, il, nous, vous et ils qui représentent les différentes positions de tout être humain en tant que sujet de l'énoncé.

La relation intersubjective est métapsychologique, c'est-à-dire qu'elle dépasse, des deux côtés, sur un plan horizontal, la relation patient-thérapeute. Cet encadrement subjectif de la relation duelle peut être considéré comme une transcendance horizontale, elle est à distinguer, comme je le fais dans le schéma ci-dessous, de la transcendance verticale du transfert et de la transmission de la vie et des connaissances. L'espace psychique est, en effet, un espace à trois dimensions. Tout être humain se situe le plus souvent dans un espace plan, horizontal, à deux dimensions. À certains moments, en certains lieux, en particulier au cours d'une psychothérapie, l'être humain ne peut être compris sans faire appel à la troisième dimension de son espace psychique. Celle-ci est un axe symbolique, vertical, orienté vers le haut, diachronique et transgénérationnel, il relie chaque être à son passé et à l'avenir qu'il anticipe. Au cours de la psychothérapie, le psychothérapeute, en tant qu'interprète, se situe en A pour analyser les différentes relations intersubjectives vécues par son patient, mais aussi le long de l'axe diachronique et métaphorique du transfert en A' et A''. Il aide ainsi son patient à résoudre ses crises relationnelles actuelles en les reliant à celles de son passé et en l'incitant, par transfert, à anticiper un avenir meilleur.

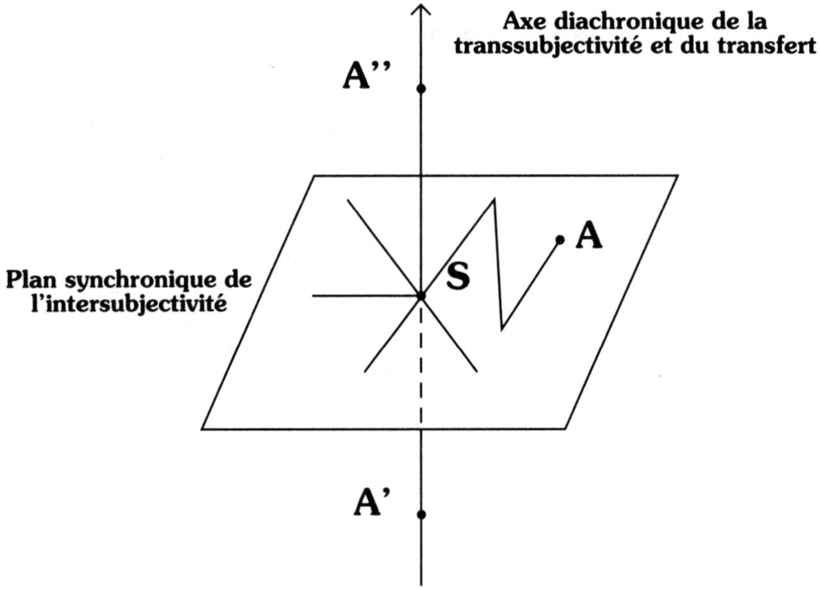


**A, A', A'' :** les différentes positions du thérapeute au cours de la psychothérapie.
**S :** le patient dans le plan de son existence au moment de la séance, en lien avec son analyste et avec tous ceux qui partagent sa vie.

*Le schéma de la relation psychothérapique dans un espace psychique à trois dimensions*

La métapsychologie de l'intersubjectivité et de la transsubjectivité est une théorie dynamique et dialectique du fonctionnement psychique, l'être humain étant, de sa conception à sa mort, en interaction permanente avec tous les êtres qui l'entourent. Grâce à cette métapsychologie, je pense qu'on peut mieux comprendre et expliquer le processus psychopathogène en le considérant comme un processus régressif, suivant l'axe transsubjectif, qui aboutit, s'il n'est pas contré, à une fixation pathologique. Le processus psychothérapique permet, en principe, de débloquer la situation. Le patient peut alors progresser à nouveau sur le chemin de son existence. Processus pathogène et processus psychothérapique sont donc, dans cette théorie, des processus identiques mais de sens contraire, ils sont l'un et l'autre réversibles.

# 3 - CONDITIONS ET PRINCIPES D'UNE PSYCHOPATHOLOGIE INTERSUBJECTIVE

À partir de l'étude clinique de la vie amoureuse que je viens de réaliser, je voudrais promouvoir le développement d'une psychopathologie intersubjective. La méthode psychanalytique que j'ai utilisée, les données cliniques que j'ai recueillies et analysées, la métapsychologie duelle que je viens d'en tirer pourraient certainement s'appliquer à d'autres domaines de la vie psychique. Un certain nombre de conditions sont nécessaires, à mon avis, pour cela :

*1 - La pratique libérale de la psychothérapie*

Pour qu'une relation intersubjective puisse s'instaurer entre le patient et son thérapeute et se maintenir, il faut, comme dans la vie amoureuse, que les deux partenaires se soient choisis librement, que la loi de l'offre et de la demande ait pu jouer dans un marché libre. Aucune relation de dépendance ou de subordination ne doit exister entre l'un et l'autre. Le thérapeute doit renoncer à exercer tout pouvoir, toute influence, sur son patient.

*2 - Le renoncement du thérapeute à toute théorie organiciste pour interpréter le comportement de son patient.*

Une relation intersubjective ne peut pas s'établir avec un patient si le thérapeute le considère comme un malade du cerveau, un handicapé mental, au fonctionnement psychique différent du sien, il ne se situe plus, dans ces cas, sur le même plan horizontal que lui. La coupure traditionnelle normal-pathologique n'a pas de sens dans une relation intersubjective. La psychopathologie de la vie quotidienne, celle du psychothérapeute libéral, n'est évidemment pas celle du psychiatre de secteur public.

*3 - Quand le psychothérapeute est psychiatre, il doit oublier qu'il l'est avec son patient en psychothérapie.*

Il doit s'abstenir de poser un diagnostic, de prescrire et d'hospitaliser. Les symptômes de son patient n'ont plus pour lui de signification en soi. Il les interprète à l'aide du schéma Z, comme un S.O.S. émis en m, mais provenant du sujet souffrant S et adressé à A, l'analyste en tant que sujet. S'il cherche à les interpréter en fonction de la nosographie psychiatrique actuelle, son patient se sent aussitôt aliéné ou objectivé par son thérapeute, réduit à un statut d'objet a, comme il l'est dans sa vie quotidienne, dans ses relations avec ses proches.

*4 - L'instauration d'une relation intersubjective de transfert.*

Pour cela, il faut que, de part et d'autre, il y ait un même désir, un même investissement affectif et un même espoir de réussir dans le travail psychanalytique entrepris en commun. Cela signifie que patient et thérapeute cherchent à se situer comme sujet d'une relation intersubjective et à se déplacer le long de l'axe transsubjectif. Ils doivent croire a priori que tout problème psychologique a une solution et que le processus pathogène en cause est vraiment psychogène et réversible.

Une psychopathologie intersubjective ne peut certainement pas s'élaborer sans respecter certains principes :

*1 - Le principe fondamental*

C'est l'instauration d'une relation intersubjective entre le patient et le psychothérapeute, à partir de la demande du premier et de l'offre du second, suivant le schéma Z. Pour cela, le dédoublement sujet-objet du psychothérapeute en cours de séance induit ce même dédoublement chez son patient, c'est nécessaire à l'interprétation interactive entre m et a. La psychothérapie est essentiellement un apprentissage de la relation intersubjective.

*2 - Les troubles psychiques s'analysent dans le plan synchronique, mais aussi suivant l'axe diachronique.*

Ils sont l'expression d'une crise, d'un conflit, correspondant à une situation interpersonnelle mal vécue et mal assumée, ils sont d'abord à interpréter comme tels. On doit ensuite chercher à les interpréter dans la diachronie, en les reliant aux autres crises relationnelles non résolues du passé qui sont alors revécues et interprétées, par transfert. La résolution de la crise actuelle et celle des complexes du passé se font simultanément par accès à l'intersubjectivité et à la transsubjectivé. Le patient sort alors de sa position névrotique et devient, pour la première fois, ou à nouveau, un sujet libre et responsable de lui-même, capable de donner un sens à sa vie et de se projeter dans l'avenir par identification à son psychothérapeute.

*3 - Dans une psychopathologie intersubjectivite, tout trouble psychique correspond à une fixation-régression à un mode de relation non dépassé au cours du développement psychoaffectif.*

Il est bien probable qu'on retrouvera dans tous les domaines de la psychopathologie intersubjective les deux principales formes de pathologies relationnelles que j'ai mises en évidence dans l'étude de la vie amoureuse :

– la pathologie narcissique
– la pathologie œdipienne.

*4 - Tous les troubles psychiques ne sont pas analysables ni curables dans le cadre d'une relation psychothérapique de transfert.*

Les patients souffrant de troubles psychiques causés par un dérèglement du fonctionnement de leur cerveau, mais aussi les psychotiques et les pervers ne relèvent pas d'une telle méthode, ni d'une telle métapsychologie. Ils ne consultent d'ailleurs jamais spontanément un psychothérapeute libéral, s'ils le font, il serait dangereux pour eux-mêmes et leur thérapeute, de les inciter à se dédoubler et se situer en m et en S sur le schéma Z.

# CONCLUSION

En publiant cet ouvrage, je souhaite en faire une défense et illustration de la méthode clinique en psychopathologie. La plupart des chercheurs et des enseignants, qui travaillent actuellement dans le champ de la psychopathologie, sont des adeptes de la psychologie ou de la médecine expérimentale, bien peu font encore appel à la méthode clinique, comme je viens de le faire. Celle-ci est abandonnée parce qu'elle est jugée a priori comme non scientifique, par ceux qui ne l'utilisent pas, à partir de critères provenant du champ des sciences expérimentales. Il m'a semblé nécessaire de réagir et d'aller à contre-courant, en montrant qu'elle était toujours une méthode féconde et valable.

Dans cet essai clinique et théorique, j'ai voulu aussi réintroduire en psychopathologie le sujet, tant du côté de l'observateur que de l'observé, ainsi que la dimension affective et transsubjective qui est actuellement déniée. C'est pourtant elle qui donne sens et relief à la vie psychique ! Cette troisième dimension, celle de la connaissance et de l'amour par transfert, est métaphorique ou paradigmatique. Je propose de l'identifier au vecteur de la sublimation de la libido freudienne ou à la flèche de Cupidon qui transperce l'être humain — homme ou femme — de bas en haut, en passant par son sexe, son cœur et sa tête et qui le spiritualise.

Je soumets, pour finir, cet essai à la critique des lecteurs qui ont accepté de me suivre jusqu'au terme de ce chemin de la connaissance, celui de la connaissance de l'amour et de l'amour de la connaissance, en espérant avoir suscité, chez certains, le désir de le prolonger au-delà, sans moi.

# *Table des matières*

## VIE AMOUREUSE ET PSYCHOPATHOLOGIE

I

## LE CADRE ANTHROPOLOGIQUE ET PSYCHANALYTIQUE



II

## LES DIFFERENTES FORMES PATHOLOGIQUES DE LA VIE AMOUREUSE

Achevé d'imprimer sur rotative
par l'Imprimerie Darantiere à Dijon-Quetigny
en août 1998

Dépôt légal : 3^e^ trimestre 1998
N° d'impression : 98-0760